互联网思维与未来世界书系

未来十年互联网大趋势

如何玩转“粉丝”经济

挖掘潜藏在大数据背后的大价值

用互联网思维改造你的企业，做未来商业赢家

颠覆世界的互联网思维

金圣荣◎著

中国经济出版社
CHINA ECONOMIC PUBLISHING HOUSE

北　京

图书在版编目（CIP）数据

颠覆世界的互联网思维／金圣荣著.
北京：中国经济出版社，2015.3
ISBN 978-7-5136-3524-0

Ⅰ.①颠… Ⅱ.①金… Ⅲ.①互联网络—应用—企业—管理—研究 Ⅳ.①F270.7

中国版本图书馆 CIP 数据核字（2014）第 237007 号

责任编辑 黄 静
责任审读 贺 静
责任印制 马小宾
封面设计 任燕飞

出版发行 中国经济出版社
印 刷 者 北京科信印刷有限公司
经 销 者 各地新华书店
开　　本 880mm×1230mm 1/32
印　　张 8.875
字　　数 192 千字
版　　次 2015 年 3 月第 1 版
印　　次 2015 年 3 月第 1 次
定　　价 48.00 元
广告经营许可证 京西工商广字第 8179 号

中国经济出版社 **网址** www.economyph.com **社址** 北京市西城区百万庄北街 3 号 **邮编** 100037
本版图书如存在印装质量问题，请与本社发行中心联系调换（联系电话：010-68330607）

“互联网思维与未来世界”书系
编委会

主　编　黄　震

委　员　（按姓氏拼音排序）

白　晶　柏　亮　蔡凯龙
陈　洁　邓建鹏　冯荣欣
郭　涛　金圣荣　姜奇平
李　亚　裴艳丽　王在全
叶秀敏　赵　晶

总 序

近年来，互联网和移动互联网不断发展壮大，逐渐渗入商业、金融、房地产、传媒业、物流业、农业、教育及生活服务等各个传统行业，不断改变着人们的生活方式与社会的生产方式。

2013 年，我国首次超越美国，成为世界最大的网络零售市场，超过 1.85 万亿元的网络零售交易额相当于社会消费品零售总额的 7.8%；电子商务拉动内需、促进就业作用明显；移动互联网、大数据等新一代技术的应用成为电子商务发展的新热点；与此同时，电子商务市场竞争日益激烈，企业服务能力和行业集中度均有提升。

自 2008 年起，我国的网民规模已经连续六年稳居全球第一。据第 34 次《中国互联网发展状况统计报告》（以下简称《报告》）显示，截至 2014 年 6 月，中国网民规模已达 6.32 亿，较 2013 年底增加 1442 万人；互联网普及率为 46.9%，较 2013 年底提升了 1.1 个百分点。

可以说，互联网正在成为现代社会真正的基础设施之一，就像电力和道路一样。互联网不仅仅是用来提高效率的工具，它已经成为构建未来生产方式和生活方式的基础设施。与此同时，以互联网为核心的思维正在逐渐扩散，并对整个大时代带来深远的影响。

历史上，人类社会每次经历的大飞跃，最关键的并不是物质催化，甚至不是技术催化，其本质是思维方式的迭代。从社会热议的信息爆炸时代，到目前的互联网时代，我们并不能确定是否一个新的革命的时代已经到来。但是，可以预见的是，几乎所有的传统产业都可能被这场互联网思维浪潮所影响、重塑乃至颠覆。

例如，互联网的快速发展推动了网购、网游等产业的发展，并涌现出云计算、物联网、大数据等新名词和新事物，也催生了一批带有传奇色彩的企业。互联网公司小米，创业仅 3 年，估值 100 亿美元；相比较而言，联想用了 30 年时间，才实现港股市值 100 亿美元。从这个意义上讲，小米应该算是一个商业奇迹。没有互联网与互联网思维，是不可能实现的。

2013 年，互联网金融业给传统金融业带来了巨大震荡，被称为“互联网金融元年”。十年前，互联网与金融并没有竞争与冲突。马云的一句：“如果银行不改变，我们就改变银行。”曾引起来势汹汹的热议，时至今日，金融领域正经历着互联网的大举侵袭和倒逼，这也从某种程度印证了马云的预言。以阿里巴巴、腾讯为代表的电商平台全面试水金融领域，天猫、支付宝、财富通等综合类电商平台以及苏宁、国美这类垂直电商纷纷与金融机构联姻卖基金、保险等金融产品，不断创造出余额宝、现金宝、招财宝等“宝宝”产品。这场金融变革可谓几家欢喜几家愁，以余额宝为例，其颠覆、便捷、高收益是其无可比拟的优势，截至2014年一季度，其规模已达5412.75亿元，天弘基金也成为国内规模最大的基金公司。而由于互联网金融的冲击，2014年1月银行人民币存款减少9402亿元。在巨大的压力下，传统金融机构也开始变革自身，全面进入互联网领域，如招商银行联合腾讯打造微信银行，平安集团的网贷平台陆金所等。

可就算是在互联网金融时代一枝独秀的余额宝，随着互联网金融产品的规模性崛起，以及传统金融业积极拥抱互联网这一系列变革之后，还是从7%跌到了4%，褪下了神圣的光环，在互联网金融时代愈发规范化的今天，大家永远不知道下一个争相投资的对象是谁，这也许在告诉我们，不光传统企业需要转型，互联网企业也需要时刻改变思想，用迭代思维不断完善自己，才能创造明天。

“我们的未来世界是按照互联网思维构架的。未来世界一定是开放、平等、更有效率，从互联网中我们洞见到未来的世界。”企业家潘石屹是这么认为的。在这个复杂多变的时代，任何一个产业，如果积极地拥抱互联网的思维和方法并与之融合，敢于颠覆自我，进行重塑，都有可能找到企业发展的新方向，新的利润增长点，释放出更多的能量。

由此可见，在我国的媒体业、零售业、金融业、娱乐业等许多行业，互联网思维已经完全展现了它的威力与效率，成为一种基本的商业思维，并已经渗透到企业运营的整个链条中。互联网思维已经开始成为我们一切商业思维的起点，深刻地影响着我们的经济模式乃至社会生活的各个方面。

可以肯定的是，互联网的发展势头将更加强劲，特别是与越来越先进的移动通信网络技术、融合性和应用性越来越强的智能终端相结合之后，在中国的渗透率将会继续提高，发展重心从“广泛”转向“深入”，网络应用对大众生活的改变从点到面，互联网将在现有基础上更进一步影响公众生活的方方面面。《报告》显示，截至2014年6月，我国手机网民规模达5.27亿，较2013年底增加2699万人，网民中使用手机上网的人群占比进一步提升，由2013年的81.0%提升至83.4%，手机网民规模首次超越传统PC网民规模。

毫无疑问，移动互联网已经是当前的主流。正如马化腾所说，移动互联网才是真正的互联网。《报告》显示，2013年中国移动互联网经济达1083亿元，高端手机用户月平均流量消耗为1.6GB。网民的行为正逐渐从办公桌向移动端转移。2013年，中国智能手机出货量为3.18亿台，同比增长64%。移动营销市场规模达155.2亿元，移动购物市场占有率约为整体市场的三分之一。移动互联网加速了跨界融合，也带动了可穿戴设备、移动医疗等相关市场的发展。

面对这种如火如荼的局面，我们已经很难想象互联网在国内诞生之初，曾一度背负着“泡沫”、“烧钱”等尴尬名声。在2000年前后国内第一轮互联网上市热潮时，“不赚钱”是当时互联网企业的普遍写照，企业大多缺乏明确的盈利模式。而目前，中国互联网经济已经突破6000亿元，互联网产业与世界发展同步，并在格局中占据一定有利位置。在互联网思维的影响下，一大批互联网企业正处在颠覆与创造、裂变与融合中，日益深重地重塑中国经济格局。这些剧烈的变革带给我们对未来世界的思维方式、生活方式、生产方式新的思考以及对企业价值链乃至对整个经济生态的重新审视。

未来，如何借助互联网思维进一步重塑各产业链条、重构新的商业模式和新的工业秩序；未来世界会与互联网怎样耦合，这是身处于互联网浪潮中的我们应该认真思考的问题。

有鉴于此，中国经济出版社拟会同国内知名互联网专家以及相关企业、研究机构，共同探讨互联网时代变革中的热点问题，并出版“互联网思维与未来世界”书系，以期全面、客观、系统地反映互联网的发展进程和未来世界的发展趋势。

本书系注重对不同行业、区域、领域的变革与互联网思维的关系进行探讨与研究。期望书系无论对促进互联网思维的学术研究，还是对推动企业的转型与创新，都具有借鉴意义和参考价值。

该系列报告是开放式、可扩展的，欢迎社会各界把认为合适题材的研究成果纳入书系，以使书系能够更新颖、全面、权威。

由于时间关系和水平所限，书系中所涉及的观点、资料、数据难免会有不够完善或不妥之处，敬请广大读者给予批评指正。

前言

在形势繁复的互联网时代，很多企业起起落落，跌跌撞撞，有的成功了，有的失败了，成功的原因是什么？失败的原因又是什么？苹果为何屹立不倒？小米又是通过怎样的方法在短时间内创造出商业神话？传统企业面对互联网浪潮又将做出怎样的抉择？要想解决这些问题就不得不提到互联网思维。因为在互联网时代，要想引领产业的雄风，无论是产品，还是经营和销售都离不开这套思维的系统指导。

如今的许多商家都在为同一个问题而深深苦恼：在商业的行进中，突然遇到瓶颈，上不去，也下不来。这到底是为什么？真实原因就是我们在对产品改造升级的过程中，逐渐丧失了对产品的把控能力，任由其他因素摆布，而不能行使独立自主的职权。如果真想要找回产品的再生能力，就要深入解读用户，用互联网的思维把企业的方向标摆正。

如今的互联网市场繁荣火爆，许多新事物在不断地刷新用户眼界，快速更迭成为互联网时代的主要特征。有时执意坚持并不代表能够取胜，而是要能够找到用户的兴奋点，只有这样才会有生机，这就需要互联网思维。

互联网思维就是用户思维，毫不避讳地说，“用户最大”就是互联网时代的核心思想，用户的一举一动都直接关系着企业的发展与未来。有时候用户的一个小动作就能让商家恍然大悟、豁然开朗。随着产品用户的逐渐增多，通过产品积累的信誉越来越多，商家对用户的依赖也越来越大。原来这些用户就是被网民所称的“粉”，这些“粉”通过产品的平台，会产生千丝万缕的联系，进而形成了一个团体，我们把这个团体叫作“粉丝团”。产品需要“粉丝”，市场需要“粉丝”。在移动互联网时代，我们就是需要这些“粉丝”来为产品做品牌，做信誉。

有人说，互联网就是“屌丝”逆袭的工具，给予“屌丝”完美的服务才有互联网的基础。这个比喻很恰当，很多“屌丝”通过互联网创业完成了华丽的蜕变，从青蛙变成白马王子，做到从无到有、从有到强。同样，在需要这些“屌丝”加油助威的同时，互联网也不能缺少“粉丝们”的热情加盟，缺少“粉丝”的产品称不上是好产品。

随着科学技术的进步，我们追赶新浪潮的步伐越来越紧凑。如果我们不紧随其后，这个时代就会把我们忘记。如今的网络营销早已不是过去一招半式的小打小闹，而是步入了营销整合的轨道。正所谓“工欲善其事，必先利其器”，作为企业的巨头和营销人员，没有基础雄厚的互联网营销手段，缺少手中的利器，怎能在互联网的阵营里冲锋陷阵、厮杀劲敌?

早在2013年11月3日，中央电视台在《新闻联播》的头条就发表了《互联网思维带来了什么》的社论，在社论中详细地对小米、海尔集团的互联网思维进行了报道，意在展示互联网思维通过交互手段、信息分享给中国制造业带来巨大的改观，从而掀起全民学习互联网的浪潮。

如今，不单单是互联网行业发生着巨大的变革，各行各业都在寻求改变的机会。在新时代，无论哪种企业想要改变，都离不开互联网思维的指导。互联网思维的超能力不仅在互联网企业有用武之地，传统企业想要生存发展也要借助互联网思维的超能力。

随着互联网思维的备受关注，新一轮的行业颠覆马上就要来临。如果你错失这次追赶的机会，将可能永远地被人抛在后面，丧失转型的资格。互联网思维并不是大家所说的那样高不可攀、难以驾驭，只要摆脱内心存在的恐惧，接受这一套指导思想，并好好利用，便可形成整体的实战体系。

互联网思维横扫世界的趋势已不可逆转，大家有目共睹。当我们看到一些互联网企业走在时代的前端，是不是有所思考呢？其实这些互联网企业对互联网思维的理念有着更加深入的感悟，一些宝贵的营销方案也十分值得我们学习。毕竟那些都是反复实践、认真操作所得出的真理，而这些真理对那些初次创业、缺少经验的年轻群体完全称得上是制胜法宝。

目前，从事网络营销的人越来越多，并把网络营销作为一门专业的学科进行探讨和研究。一些企业也借用互联网思维对自己的业务进行重组整合，一个具有强大功能的网络知识库即将被建立。我们生在这个时代，就应该紧紧抓住时代的脉搏，不要松手。互联网思维已经在这个时代精彩绽放，更多的企业家已经凭借这种思维创造了极大的财富；传统企业在互联网思维的冲击之下也正在寻求蜕变；青年人的创业梦想也因此激活。我们已经没有任何理由继续观望，只有奋起直追，站在时代的前端。

沿着榜样的足迹必定能够找到成功的出路，互联网思维已经为我们指明了方向，接下来的路要怎么走，就要看大家的行动了！

本书结合了时下最热话题——互联网思维，并配以真实案例来作具体讲述，就是要让读者对互联网思维有一个客观的理解。此外，本书对互联网营销的概念也进行了完整的梳理，在对一些营销案例进行分析的同时，也本着客观、实际的原则进行总体分析，以便读者获得定位更加准确的启示。最终希望每个读者都能在书中获得启发、产生属于自己的思维见解。

目 录

Chapter 6

互联网营销：威力强大的互联网营销

Chapter 7

“粉丝”经济学：“粉丝”是互联网时代的驱动力

Chapter 8

大数据思维：用大数据挖掘用户的深层需求

Chapter 1

以你为中心：
自我颠覆背后的互联网思维

有了互联网不代表你就可以掌握互联网思维，而互联网思维也不单单是互联网公司独有的垄断。那么，我们将如何定义互联网思维呢？简言之，互联网思维就是重新审视传统产业的价值链条，在战略、组织和业务上进行重构，从而对整个商业生态环境确立一种新的思考方式。

其实，对于互联网思维，你认为它复杂它就复杂，你认为它简单它就简单。对于传统企业而言，已经没有理由继续做看客了，新的市场形势已经不允许你继续袖手旁观，想要在互联网时代做生意，必须学会接受这种新的商业思维和逻辑。如果你对这种新的商业思维和逻辑尚未了解，就赶紧研究学习；如果真正了解了，那么赶快甩开你的膀子干吧。

真正掌握互联网思维的并不一定是那些从事互联网技术工作的人，做传统企业的人也未必不在用互联网思维，因为它不是一门具体的学问，只是一种思考方式。很多人都把互联网思维看作拯救企业的救命稻草，未经消化就强加挪用，结果境况越加凄凉。而那些卖牛腩、卖煎饼果子、卖包子的人都可以把互联网思维玩转，这里面又深藏着怎样的奥妙呢？

1 互联网经济学，以你为中心

“相知多年，值得托付……”

这是中国人寿长期坚持的品牌理念。从这一理念中我们感受到的是体贴、温馨、富有责任感的品牌形象。作为国有的商业保险公司，中国人寿一直坚持以“文化”之魂引领公司的发展，用“成己为人，成人达己”来凝聚人心。近5年来，中国保险业以20%的增速稳步增长，作为中国最大的保险集团，中国人寿的总资产已经达到2.4万亿元，在2014年公布的《财富》杂志世界500强的排名中居第98位。

在保险行业，中国人寿是新中国历史最为悠久的保险公司之一，始终为中国保险事业的发展探路、领航。60多年来，中国人寿见证了新中国各个历史时期的风风雨雨，可以说中国人寿是新中国保险事业改革与发展的一面镜子。

随着市场主体的逐渐增加，中国的对外开放水平也在逐渐推进，市场经济的作用不容忽视，市场经济的强大动力催生了许多新的行业领域。目前，互联网产业异常火爆，在强大的信息载体的带动下，由此引发的互联网经济拥有无限的商机。所有的产业形式都紧紧地围绕这个契机在大做文章，用互联网思维改变着行业的面貌。

2012 年 5 月，杨明生开始担任中国人寿保险股份公司董事长一职，在财经领域，他有着自己独到的见解。他说，市场经济如同一把“双刃剑”，它要求我们时时刻刻都要坚持创新。创新对于体制本身是一种进步，没有创新，就没有发展、没有动力。如果我们创新过了头儿，就会出现灾难性的后果。中国人寿一直坚持用“文化”引领公司的发展，杨明生对这一观点深表赞同，如果没有文化的牵引，中国的思想领域就不会进步，如果不注重文化本身所蕴含的力量，中国人的人生观、价值观就难以实现自我超越。所以，经济与文化必须协调发展，还要创新、突破。

在杨明生看来，互联网在人们的生活中扮演的角色已越来越重要，全国网民规模已达 6.32 亿，我们无理由拒绝互联网时代的到来。而中国人寿作为中国最大的商业保险公司，想要走在同行业者的前列，利用互联网平台，展现企业形象，让中国人寿的形象走进千家万户，确保在未来的 5 年内，中国人寿至少要突破 15% 的行业年增长率，在 10 年内，中国人寿将总人口的 56.7% 发展为自己的群体。为了实现这一预计目标，中国人寿必须依靠网络平台进行推广，从而赢得更多的客户。

中国人寿品牌形象的传播瞄准了互联网长视频这一核心技术对剧目进行高清首播，主要宣传其“相知多年，值得托付”的品牌概念，让广大用户在观看高清首播剧的同时也能真切感觉到中国人寿体贴入微的形象。仅仅依靠首播，就传达出了中国人寿在行业领域注重人性化的优点。

在综艺节目中，《婚姻保卫战》是观众最为关注，也是最为接近现实的节目之一。中国人寿以此为出发点，依托搜狐高清视频对其进行首播赞助，旨在宣传中国人寿自身所具有的品牌形象，倡导中国人尊重幸福，提升自身的责任感。

具体运作时，中国人寿从广告宣传开始，仅仅 5 秒的广告插片就获得了令人意想不到的点击量和曝光率。在第二阶段的首播赞助中，同时推广了视频专题、图文专题、视频点播页，所获得的点击效果同样是超出预期，不同凡响。

据不完全统计，用户每天观看《婚姻保卫战》超过 4.1 集，达到了 7200 万次的播放总时间的执行效果，在工作日和周末的单日播放量上，播放峰值都在 2000 万次以上。这项数字表明，即便在周末，观众还是利用搜狐视频观看《婚姻保卫战》这一节目。由此我们可以得出结论：搜狐视频有着强大的用户平台，用户都喜欢通过这一平台了解互联网信息，这些用户也正是广告主所热切期盼的客户资源。

随即一大批广告主闻风而来，就连以往很少在网络视频平台投放广告的康师傅也挤进来为《婚姻保卫战》腾出预算金额。有了康师傅的倾情加入，其他品牌也是不甘人后，蒙牛、百洋药业等知名品牌不约而同地进行广告投放。搜狐视频的主编表示："《婚姻保卫战》是自搜狐视频开播以来，获得广告投放最多的剧目，热播剧的广告位置已经爆满，我们现在能做的就是仔细研究哪种效果好，又不伤害观众现实体验的广告模式"。

经过这一轮的较量，中国人寿的知名度被大大地提升。它的品牌力量通过媒介的曝光更具有新的活力，正是中国人寿在选剧上获得的成功，使其在短期内急速爆发，品牌的形象焕然一新。

超过 300 万次的广告点击量，就是最好的说明。

同样，《婚姻保卫战》也通过中国人寿的赞助获得了完美的市场评价。

中国人寿在坚持创新的同时，搜狐视频也在通过自己的视角发展创新。除了获得强大的播放量和丰厚的广告收入外，搜狐视频对高品质片子的完美追求从不敢懈怠半分半毫。搜狐视频通过自身剧目的影响力将一些同文分享给好友互动。这种粉丝式的传播将搜狐视频的影响力扩大到各大网站、社区。

中国人寿运用互联网思维扩大品牌影响力，这说明：只要我们能够抓住时代的脉搏，摸清行业的走向，成功并不是一件难事。

2 揭秘：百雀羚用互联网思维 1 天净赚 380 万元

2013 年 3 月，百雀羚作为国礼被彭丽媛女士带到非洲，作为拥有 80 多年历史的上海老品牌，百雀羚一夜之间火遍中非，刮起了一股“国礼风”。

百雀羚突然带上“国礼”这顶桂冠，还没来得及适应就走红各大超市和商场，一跃成为消费者的新宠。百雀羚终于在沉寂多年以后满血复活，重新走进广大消费者的视线。

借着这股东风，百雀羚又开始新一轮的网络轰炸，力求用现代新颖的互联网思维让自己再次风生水起，直至引领消费热潮。在百雀羚旗舰店，正酝酿着一场即将到来的暴风骤雨。

经常出入护肤品专卖店的人都明白这个道理：再好的护肤品也只能打造一个人的外表，却不能塑造一颗自信的内心。可是，许多消费者为了自己的面子工程还是对护肤品有着强烈的购买欲望，甚至于趋之若鹜。爱美之心人皆有之，光鲜的外表毕竟能够给人完美的第一印象。

为此，百雀羚旗舰店在“三八妇女节”这个女人们的节日里特别推出“要完美更要自信”的美丽口号，争取让广大消费者从内心上对这个产品产生相应的好感，更自然地接受这个产品。

随着广告营销的发展，几乎每个产品都十分注重自我形象的完善，不惜重金邀请明星大腕倾力加盟广告代言。各大明星代言的产品在市场上应接不暇。面对其他品牌如此高昂的明星代言，百雀羚旗舰店决定反其道而行之，来一次没有套路的牌术。作为已经有 80 多年历史的老字号，百雀羚一直很“正经”地做买卖，这次不按常理的出牌，也许会产生意想不到的效果。

就在 2 月 28 日凌晨，百雀羚展开了自己的行动。在各个店铺的招贴、网站首页等最显眼的位置都标出了“选择百雀羚，美过黄永灵”广告语。一时间，百雀羚的客服接到了无数的询问，广大顾客纷纷询问黄永灵的来路，有的人猜测她是一位歌手，有的人说她是影视演员，更有离谱的消息说，黄永灵是店长最近追求的女孩子。每天就这样多达一两百万的询问和猜测，让客服忙得不亦乐乎。随着消费者好奇心的迅速升温，百雀羚成为坊间众人的热议话题。

随着各种奇葩猜测的纷纷出炉，百雀羚旗舰店把一些有代表性的猜测通过官方微博、微淘等互动平台上传，号召消费者进行有奖竞猜互动，利用舆论效果把事件描述得真假难辨，同时也让黄永灵的身份变得更加扑朔迷离。

店方决定把这个关子一卖到底，所有问及黄永灵的消息，客服一律不予回答；许多好奇者非要问个究竟，决定跟度娘讨教清楚，可是，现实偏偏这样残酷，此时无所不知的度娘也是在屏幕上干瞪眼，没有答案。无奈，好奇的人们只能苦苦等待 3 月 8 日这一天知晓结果。

事情的进展总会让人出乎意料，突然得似乎没有一点准备。就在6日、7日这两天突然出现一批神秘顾客，他们只追星却不买东西，这种场面一下子让客服主管找不到方向。这时店长却喜笑颜开，因为让明星出现的机会总算是到来了。真有一种“千呼万唤始出来”的感觉，可百雀羚还是要“犹抱琵琶半遮面”，继续地卖关子，直到把顾客的窥视欲“勾引”到极点。

3月7日，百雀羚官方网站的店铺首页轮播图，通过“撕纸”的形式慢慢地呈现黄永灵的相关信息。用三段文字介绍黄永灵的职业、相貌和日常爱好，每过四小时撕开的内容就多一些。许多观众都坐等在电脑屏幕前想早一点目睹这位“神秘嘉宾”的庐山真面目。

经过充分的舆论造势，已经把黄永灵推上了风口浪尖，她已经有足够的实力引发一场洪流。

3月8日，答案最终揭晓：黄永灵，百雀羚旗舰店文案，相貌平平，学历一般，并不是私下里传播的歌手、明星。

这个消息让所有的观众一片哗然，苦苦追了10天的“大明星”竟是一个普通的文案人员！如此的心理落差，让所有的观众内心遭到打击，有的甚至泪流满面。面对观众难以接受这个答案的情况，百雀羚旗舰店必须给观众一个满意的答复，圆了这个美丽的故事，并且一定要让他们彻底地信服。不然，说不定哪天一个冲动的观众就要来砸店。

有的观众不禁要问，黄永灵只是一个小小的员工，为什么百雀羚旗舰店用她的名字来打广告？她相貌平平，要“美过黄永灵”似乎是件轻而易举的事情。可百雀羚为什么要这样做呢？带着种种疑问，让我们走近黄永灵。

2012 年 9 月，黄永灵进入百雀羚旗舰店当了一名普通的文案策划。刚刚开始工作的她，因为性格内向、不善交流，工作总是遇到很多的麻烦。由于资历平平又没有工作经验，她的文案总是存在或多或少的毛病，各种意见和批评仿佛家常便饭一般不约而同地摆在她的面前。面对巨大的精神压力和工作压力，黄永灵曾经想要放弃。

经过一次次的思想斗争，反复地说服自己，她还是决定留下来试一试。面对种种磨难，她总会笑着应对。经过一年时间的摸爬滚打，黄永灵一跃成为了文案组的组长，一个职场菜鸟终于蜕变成了坚强的女汉子。

今天的黄永灵，工作能力无可挑剔。她谈吐幽默，甚至会在公共场合自黑，毫无顾忌地憨笑，在她们文案团队是一致公认的开心果。虽然黄永灵的长相一般，但从她的骨子里透着一股由内到外的自信。我们相信，只要有自信，我们每个人都是美女、明星。

虽然，黄永灵的真实身份已经被大家知道，但是顾客在百雀羚旗舰店的消费热情却是有增无减。就在这个时候，店长开始安排黄永灵客串客服。只要被黄永灵接待的客人都有机会获得一份精美礼品。虽然不是专业客服，可是黄永灵在女人节的当天就把店里的接单转化率提升到了 73%。甚至有一些粉丝为了等候“明星”的接待，硬是等了一天的号，明星效果可见一斑。

百雀羚旗舰店还特别推出一款由黄永灵代言的类似“福袋”的产品链接，叫作“勇气宝贝”。所卖的产品是未知的，而且每个宝贝价值不菲，敢不敢购买全靠顾客的自信和勇气。结果仅在活动当天就卖出了3000多件的宝贝，引来无数顾客的疯狂抢购。

其实，百雀羚天猫旗舰店只是想向广大消费者传递：“自信是最好的护肤品”这一概念。但是，在这场没有名人胜似名人的广告宣传中，却以1天380万元的销售额完美收官，可见黄永灵的品牌效应并不比一些大明星差。此次活动成功的另一个原因是手机淘宝的巨大魔力，通过无线端的强大影响力，为百雀羚旗舰店带来了将近10万名访客，无线电商时代果真来临。

不错，互联网的思维就是这样的强大，通过互联网推销自己的服务，培养顾客的情感，百雀羚做到了，你呢？

3 将控制权握在自己手里

互联网时代的到来，让电子商务声名鹊起。许多人通过网络购物平台选购自己的日常生活用品，这让许多实体店受到了不小的冲击。可以说，网络的普及，让我们的生活越来越便捷，足不出户就能享受到优质的服务，生活因互联网而变得多姿多彩。

最近，商家们利用各种能够利用的节日通过互联网平台大搞价格战，京东、苏宁以其强大的价格攻势让一些搞电子商务的商家喘不过气来，“限时半价”“买一送一”“抢到有优惠”等，一轮轮的价格大战疯狂地冲击着其他商家的内心。

这时的凡客诚品再也坐不住了，开始积极寻找第三方品牌宣战，加入这场价格战争。这次参战的不仅仅是凡客一家，还有V+及超过千家的知名品牌，大有不把价格战搞得天翻地覆誓不罢休的气势。这次凡客要完成从封闭转向开放平台的转变，无论如何也要在互联网时代分得一杯羹，并且还要把控制权牢牢地攥在自己的手里。

这个举措可忙坏了凡客的CEO陈年。在北京直接指挥作战的年代再也回不去了，他整天天上地下来回奔波，想尽各种办法寻找商家。陈年这样做，就是为了凸显凡客对商家的诚意，同时也是为了避免一些不必要的麻烦。举一个简单的例子，在和李宁的合作上，如果凡客派一个销售人员过去谈，无论如何是谈不拢的，既显得凡客对于合作的态度不够重视，同样销售人员也难以做出一些决策。这项工作必须由陈年亲自完成，因为只有陈年才是权利的决策者和掌控者。这样一来，陈年的脚步遍布了长三角和珠三角，周六还在福建，周日就得奔赴广州。

根据互联网的需求，陈年确定将合作与开放作为凡客的首要发展战略，利用网络平台调整市场的占有额度，积极配合市场的需要，提升产品的质量，满足用户需求，争夺更多的自主权，从封闭转向开放。陈年多次在公共场合公开表示：把凡客的优势品牌分享给其他企业共同合作，自己有所欠缺的方面会主动让出空间，给优质资源提供发展机会，积极寻求其他个性品牌的服务，满足各类消费者的需求。

面对空前激烈的市场竞争，凡客知道只有不遗余力地进行改革创新，而不是被动地让市场牵着鼻子走，才能将控制权握在自己的手里。

经过摸索，凡客对自己的架构进行了调整，与李宁联手进行“限时特卖”活动。这样，凡客就从传统的自主原创品牌走向了品牌加渠道的商业模式，并通过这种模式大大加快了销售的速度。许多产品在固定时间内被抢购一空，实现了短时间的大盈利。然而，销售渠道的打开同样带来了其他问题，首要的问题是招商的份额不够，一时间满足不了用户的需求，许多货物无法现时供应。一些顾客并不是因为产品问题拒绝交易，而是因为货物短缺、款式不全不得不退掉订单，这对双方都构成了不小的损失，也为凡客的市场信誉带来了不好的影响。

在招商的问题上也是困难重重，招商会以大把的时间作为保障，其中针对许多细节问题反复斟酌、反复较量，双方稍有不满意，招商就会被搁置。所以，在这个时候就会真正感觉到把控制权握在自己手里是多么的重要。

在招商过程中，最让凡客引以为豪的就是自己多年坚持的自我品牌。因为凡客的自我品牌在顾客的心中已经树立了良好的形象，在一些细分领域存在着固有的优势。相对而言，那些传统品牌在入驻凡客的过程中也会存在一定的压力。紧锣密鼓的招商工作从未停止过，陈年的脚步也一直没有停下，因为在他的心里有足够的信心作为保障，那就是他对凡客多年的品质有充足的自信。

对于第三方产品，陈年坦言他们做得还是有所欠缺的。目前，第三方产品在凡客的销量很低，在接下来的发展中他们一定会注意这个问题，力争把自有品牌和第三方品牌的销量做到持平。这样的案例不是没有，比如百丽一直坚持这个经营策略，最大限度地满足第三方的利益，寻求合作上的共赢，实现双丰收。

凡客通过改革，一些服务变得更加务实。比如，凡客旗下的如风达，以前所有的商品都是免运费，如今商品只有达到 160 元以上才可以享受免运费的福利；再如，凡客自有品牌携手千家第三方品牌推出的满 200 元减 40 元的促销活动，对顾客而言也是实打实的促销，因为顾客在消费满 200 元后会包邮。

陈年在回答腾讯的采访时说，凡客自 2007 年创立到现在一直处于亏损状态，任何人都不是天使，凡客急需要盈利，只有这样才能够完成上市的构想。其实，在上市这种大势所趋的背景下，凡客更看重淘品牌。在几个月的走访中，陈年发现一些经营淘品牌的业主们都住着花园洋房，有的已经移居海外。他们只是雇用一些经理人委托经营，分给他们 10% 的股份，另外 90% 的控制权握在自己的手里。

互联网本来就是商家对市场、用户、产品，甚至于商业生态进行的系统整合，无论是天猫、京东，还是当当，其最终目的还是为了盈利赚钱，要实现这个目的，只有把控制权握在自己的手里才是王道。

4 怎样用互联网思维改造你的企业

随着社交媒体与互联网的日益交融，许多传统企业渐渐跟不上这个时代的步伐。信息化、现代化已经成为这个时代的新宠。传统企业故步自封使得他们的境地十分困难，许多企业宣布倒闭、破产，甚至业内的一些知名企业也渐渐消失在人们的视野。

然而，海尔企业并没有在这场没有硝烟的战役中倒下，他们积极利用互联网这个新的交往方式，革新自己的传统思维，通过大胆研发，推出了一系列具有互联网思维的新产品。在海尔的带动下，苏宁、国美等电器产业也紧随其后，在研发、营销、产业布局上做出相应的调整，不同程度地完成了某些领域的互联网布局，取得了不错的效果。

回想以前的海尔集团可不是这个样子。

1984 年，青岛电冰箱厂总厂（海尔集团前身）因资不抵债，即将倒闭，张瑞敏临危受命，接任厂长。此时的张瑞敏虽踌躇满志，但没有一点头绪。面对死气沉沉的车间、老旧的设备，他不得不开动脑筋，想办法让厂子复活。张瑞敏觉察到厂子之所以要倒闭，根本原因在于没有创新、没有创造，所以跟不上时代的步伐。因此，他认为只有创新才能使厂子有新的生机。

1985 年，张瑞敏从德国利勃海尔集团引进技术和设备，将“青岛电冰箱厂总厂”更名为“琴岛——利勃海尔”作为新的商标。通过与外企合作，第一代亚洲四星级冰箱应运而生。从那时起张瑞敏就把“创新”纳入企业发展轨道，把创新作为企业发展的核心思维，重视人才的创新、品牌的创新、技术的创新。在海尔的前四个发展战略中，张瑞敏始终秉承名牌化、战略化、多元化、国际化的发展步骤，一步一个脚印地稳步发展。通过 28 年的创新之路，张瑞敏以企业家的气魄，顺应历史潮流，把海尔带出国门，走向国际。

2012 年，海尔顺应时代的机遇，紧跟互联网的步伐，把企业的发展纳入网络化的进程中来，运用又一创新理念，把海尔集团打造成互联网时代的平台型企业。

随着市场和企业逐渐网络化，企业发展的路径也就有了相应的改变。与传统的企业模式相比较，网络化显现出企业的无边界化、管理的无领导化、供应的无尺度化等新特点。针对这些新特点就出现了一些团体，需要大规模地定制不同的设计需要、制造需要、配送需要，而这些方式的实现只能依托互联网的强大功能去逐一实现。

海尔集团的互联网思维就是实现产品的智能化。只要用手机完成与其搭载的相关技术的绑定，用户就能通过微信、APP 等实现对产品各种需求的操作。对于广大用户而言，这确确实实实现了操作的快捷。海尔集团还通过设计改变了原来中规中矩的方形空调外观，更加注重人性化。考虑到了用户对于产品的需求，在天铂系列空调中的双侧进风栅运用镂空设计再配上圆形的感情灯带，使整个空调增加了科技的元素，整个产品既时尚又美观，为用户带来了视觉享受。

就海尔本身来说，实现互联网思维的转变并不是件容易的事。好在海尔经过了将近 30 年的发展，具备了生产技术研发的深厚功底。海尔在技术上的创新研发，确实为海尔集团的互联网道路打下了坚实的基础。在人工智能和外观上的创新，保证了海尔产品的市场活力，在一定程度上我们可以说这些创新和创造是海尔集团在互联网思维上的伟大进程。

为了完成互联网思维的软着陆，海尔集团依靠大数据来实现对用户的“生态服务”。通过与中国气象局合作，运用数据网络营销向用户展示了最近几年中国家庭室内和室外的空气湿度、清洁度、温度的变化情况。通过数据的报告显示，海尔集团研制的新型产品能够为用户带来前所未有的生态享受，让用户在足不出户的情况下就能体验到“森林氧吧”的效果。用户可以利用 APP 操作软件、微信、U + 操作系统等任意设定睡眠、自动定位、天气、空气甚至售后方面的服务。在海尔眼里，正是互联网的这些魅力引导其产业不断升级、快速发展，并且能够占有绝对优势的市场份额。

海尔的大数据应用，使其在产业圈内实现了硬件与软件、服务与合作的结合。而通过互联网大数据的积累，海尔的服务与创新也将会进一步的升级。

有的人不禁要问，海尔在互联网思维上已经开始了探索，如果想要完全用互联网思维掌控全局，这样的路还有多远？

其实，海尔通过大数据、移动网络、云计算的运用都是在运用互联网思维进行思考，在对市场和用户的审视中更是加入了人性化的设计理念，根据用户的需求衡量产品的地位，不言而喻，客户至上的理念始终贯穿于海尔的营销当中。

作为第一家尝试互联网思维的家电生产商，海尔集团已经做了相当大的突破，从产品的突破到理念的创新，海尔所做出的举动都是颠覆以往，这对于业内的其他行业来说是值得学习与效仿的。如果在未来的发展道路上，海尔坚持这样走下去，战略意义将会无法估量。

海尔在互联网时代如何成功地完成变革，还要看它制定什么样的发展战略来实现这一目标，因为，在千变万化的互联网时代稍有不慎就会遇到风险。

好在海尔集团通过互联网思维实现了一些创新，这些创新为海尔在硬件和大数据上打开了良好的局面，这个局面也许可以让我们能够预见海尔在完成转型后的光明未来。

5 地摊上卖出的互联网思维

近些年，一些高才生放弃本专业下海经商的案例比比皆是，更为新奇的还有北大才子卖猪肉的事。一些名牌大学毕业的大学生所为，听着似乎有些夸张，但想想事件本身，主人公之所以这样做，而且做得风生水起，一定有他的道理。

前些年，一直有人怀揣这样的疑问：为什么放着国家公务员不当，偏偏选择卖猪肉，这不是在浪费人才吗？可是当事人陈生却有着自己独到的见解。他是一个思想比较活跃的人，经常会做一些出格的事，这在党政机关绝对是离经叛道、不合时宜的。他的思想总是快人一步，在他的思维模式里，不是一件事必须做好了调查、所有的条件都具备了才能够去做；相反，他认为在条件不充分的情况下做了一件事才能很好地抓住机会，即便在做的过程中出现这样那样的麻烦，也可以想出其他办法尽量弥补。

同样，最近在街头巷尾摆地摊的邵贤军也有着与陈生差不多的经历。本来在 IT 行业做得顺风顺水，却突然辞职，在街边小摊卖起了水果。细心留意过的人也许会注意，烈日下的邵贤军斗志昂扬、情绪高涨，扯着大嗓门在叫卖他的水果。但他的内心其实并不平静，他之所以辞职，是因为他感觉自己的事业到了瓶颈，再也走不下去了，他必须让自己清醒一下，用一段时间来缓冲一下自己的思维。他要重新定义自己原来对互联网思维的理解，探明互联网思维到底有着怎样的奥秘。

刚开始把水果摊摆在街边的时候，邵贤军对于互联网思维的认识还很肤浅，认为开发一些功能，再稍微懂得一些互联网营销手段就可以掌握互联网思维的精髓了。

然而，经过一阵子的思考后，邵贤军感觉真正的互联网思维其实并不只是这些表面文章，要想实现互联网思维首先要懂得互联网的方法。其实，在邵贤军的眼里，工具的运用并不复杂，只是在被厉害的人利用以后才会爆发出来前所未有的威力。原本在创业之初，邵贤军就在预想，到第六个月的时候一定能够完成计划，可是如今所有的想法都脱离了预期的目标。经过反复思考，他认为还是因为自己没有深刻理解互联网思维的精髓，只是懂一些皮毛，因此影响了事业的进展。

经过认真的自我反省之后，邵贤军认为，一个人在做任何事的时候，首要是看清自己，摆正自己的位置，不要过多地高估自己；相反，无论什么时候也都不能贬低自己，对自己都没有信心的人，又怎能奢望别人给予你信心？一个人只有通过恰到好处的方式才能完全释放出自己的能量。

在那几个月中，邵贤军认识了很多人，也见识了一些无比强大的团队，并通过认真思索，对互联网思维的认识发生了一些改变，一些概念在他的大脑里也变得清晰了起来。

首先，互联网思维的营销。

邵贤军所理解的互联网思维的营销，并不是仅在门脸前摆一个灯箱广告那么简单；也不仅仅是走上街头派发小广告。

在邵贤军看来，真正意义上的互联网思维的营销是内容营销，内容是什么？内容就是产品里的故事。我们有我们自己的故事，产品本身也蕴含着故事。我们都知道《蒙娜丽莎》是达芬奇的传世佳作，它为什么深受欢迎，就是因为画面里蒙娜丽莎的眼神能够向我们传递出故事。还有，褚时健老人的橙子之所以能够大卖，主要原因不是他的橙子比谁的好，而是老人本身就是一个有经历、有故事的人，他那种脚踏实地、不服输的精神，感动了无数的人。有的人也在苦苦地拼搏，就是不能做出成绩，原因何在？有可能是你产品里的故事不够接地气，没能够走进人们的心里。

其次，互联网思维的免费手段。

天底下没有免费的午餐，这是每个人都懂得的道理。互联网上经常运用的一些免费手段是真的吗？其实，这只是为了实现某种目的而使用的一种营销手段。更确切地说，互联网思维的免费手段，其实只是对传统行业背后所隐藏的价格体系进行彻底的改变。

再次，互联网思维的“粉丝”营销。

起初，邵贤军认为，只要有了“粉丝”就有了经济。其实不然，它的道理与免费类似，如果搞不懂背后的原理，再多的“粉丝”也不会带来经济的收益。有时因为你的运用不当，错发了一个微博，就会丢掉许多“粉丝”。例如，原本我们想通过朋友圈了解一下朋友们的新动态，可是刷出来的全是代购信息，这样的朋友当然会被果断拉黑。邵贤军认为，“粉丝”营销的关键在于商家找到与“粉丝”共鸣，“粉丝”只是对你个人的动态的好奇，如果你将这份好奇与产品结合起来，一定会大获成功。

这就是邵贤军在地摊上悟出来的互联网思维，他通过几个月的感悟与思考，对互联网思维有了进一步的理解，就像他谦卑的话语一样，许多想法还需要进一步的论证，反复地推敲实践。

要让一个人彻底地放下架子，完成“屌丝”逆袭是一件相当困苦的事，而邵贤军在地摊上总结出的互联网思维的确是一笔宝贵的财富，谁知道这种自嗨式背后又蕴藏着怎样的能量?

6 韩都衣舍：让互联网思维做主

多元、快捷、量大是互联网消费者最直观的需求。这种普遍需求严峻考验着每个线下生产者的经营组织能力，以至于大批势头威猛的互联网企业，难以适应传统供应链上的细小环节，纷纷夭折在混乱无章的线下生产中。不过，也有一些企业品牌在这种严峻的竞争中脱颖而出，从容冷静地面对眼前的挑战，创新管理模式。

这其中就有韩都衣舍。

把复杂的事情变得简单，这是韩都衣舍始终坚持的经营理念。2014 年上半年，韩都衣舍在银河系摘得一颗明星，成功签约《来自星星的你》女主角全智贤为品牌形象代言人。这个消息一经发出，立即在行业内引起轰动。自 2006 年创业至今，韩都衣舍经过稳健的发展，已经不再是单一的韩国时尚淘品牌，成为一家拥有十多个品牌的“互联网时尚公司”。

如何经营一家互联网时尚品牌，韩都衣舍的创始人赵迎光分享着他独到的见解：“做好互联网企业的关键在于应用互联网思维，在市场与用户之间做营销，把营销做好就会有销量，销量上来了，自然不缺产业链。”

赵迎光说得头头是道，但是具体的互联网思维到底是怎样一个方法论呢？赵迎光有他的具体实施方案。

1. 韩都衣舍的产业核心：“单品全程运营”

所谓的“单品全程运营”就是每一款产品从设计、订款、推广、生产、促销都是以小组为核心，每个小组都可以自行决定每一款产品的运营、核算，享有90%以上的决策权。至于营销部门、企划部门只负责大框架的一些规划，其余的都由小组独立完成。

到目前为止，韩都衣舍有257个产品小组，每个小组的人员有2~3人，可谓小而精。

正是有了这个产业亮点，让韩都衣舍的网站浏览量始终保持着惊人的数据。多年来，韩都衣舍的网站浏览量一直保持天猫商城的第一位，号称“流量之王”；2014年7月，仅仅一个月的时间，韩都衣舍的PC端日访客数量就高达63万人次，日均浏览人数超过132万人次；同样移动端的数据也是居高不下，日访客数量27万人次，浏览量超过170万人次。

赵迎光对外表示，如果没有互联网思维，没有以小组为核心的单品运营，韩都衣舍在任何一个环节都是无从应对的。

2. 韩都衣舍的营销思维：少量多款，以销定产

在互联网时代，不仅品牌要做到人格化，企业的产品也必须具有人格化。为此，韩都衣舍创立了“款式多、更新快、高性价比”的行业竞争模式，这样既能够降低生产成本又能保证产品的

质量。目前，韩都衣舍有240多家的供应商，每次最小的订单为100件，每20天就能完成下单交货的任务，每年生产销售的款式多达3万款，返单比例在40%以上，从数据来说，通过“少量多款，以销定产”的营销理念，韩都衣舍的尾货库存在减少，销售额在增加。

正是这种人性化管理思维，给产业小组的工作带来了极大的便利。产业小组可以拿着本小组的方案设想，直接跟顾客进行沟通商量，咨询顾客能够承受的心理价位，确定市场价格导向，从而为顾客确保了极高的性价比，为商品的选择提供了广阔空间。同时在互动中，也让顾客感受到极强的自主权，因此更加愿意购买韩都衣舍的产品。

3. 韩都衣舍的发展战略：多品牌共同发展

赵迎光把多品牌作为韩都衣舍的长远发展目标。他不认为韩都衣舍只是一个简单的服装品牌企业，他的目标是将韩都衣舍打造成一个互联网时尚服装的孵化器。韩都衣舍不仅仅要做韩国系列，还要做欧美系列、东方系列，要把它打造成一个极具规模的互联网集团。在他的思维里，搞互联网营销，就要以多品牌的形式发展。

目前，只要进入韩都衣舍的产品网站就能看见韩都衣舍风格迥异、定位清晰的各类服装，它们款式不同且品类齐全，男装、女装、童装、孕妇装等13个子品牌竞相展现在用户的眼前。可是这些并不能够让赵迎光满足。他们依然有新的品牌在研发之中，其中一个品牌将顾客的年龄定位在16～25岁的年轻女孩之中，像是专门为女大学生提供的私人订制。由此可以看出，对于品牌的创新升级，韩都衣舍从未停止过。

为了这一战略的推进，赵迎光的目光没有一直盯着互联网死死不放，他把目光锁定到新生力量上，在那里寻找潜力股。韩都衣舍先后与山东工艺美院等高等院校合作，冠名支持大学生服装设计大赛，通过各种方式不遗余力地挖掘人才，塑造品牌。

4. 韩都衣舍的品牌重心：转型

转型是互联网时代的重心，也是韩都衣舍的重心。传统企业已经意识到把自己的产品从线下转到线上，始终以互联网为依托的韩都衣舍也身处在这股浪潮之中。

韩都衣舍以敏锐的洞察力率先完成转型。随着电脑终端流量的下降，移动终端高调上扬已是大势所趋、不可逆转。韩都衣舍将目前和未来的发展重心放在微信、微博、微淘等移动社交网络上，如今利用这些无线端进行销售已经作为韩都衣舍的推动项目，这项指标占韩都衣舍销售量的45%。

对微博、微信这些社交网络的发展，赵迎光表示十分的欢迎。社交网络传递的信息量是无法估算的，通过社交网络可以真切地了解客户的需要，从而方便商家提供更好的服务，在塑造自我形象的同时更好地满足了客户。社交网络另一个强大的功能就是通过建立的信任度来吸引潜在的顾客，对那些不稳定的顾客提供可信度，从而增加了顾客对产品的好评度，无形之中就给企业做了免费的广告。

赵迎光说："我们的使命就是创造最优秀的团队，这个团队有着远大的理想。"最近，韩都衣舍规划了自己的近期目标，那就是到2020年，集团旗下至少有50个品牌，年终交易额至少突破 120 亿元。当即，就有人提出质疑：拥有这么多牌子，能记得清吗？数得过来吗？每年又有多少牌子死掉？最终能剩下几个牌子？

赵迎光莞尔一笑，幽默地说了一句："没有任何一个妈妈不记得自己孩子的名字，更不会对他们的未来坐视不管。"

7 用互联网思维把传统卤菜卖到10亿元

时下越来越多的年轻人走进自主创业的这片新阵营。随着网络经济的泛滥，我们所定义的市场并不再是传统意义上的大卖场、实体店，而是以互联网为依托，利用网络媒体的宣传、品牌的保证，靠无形的手抓住客户的购买需求，从而满足网络市场的营销，这就是现今流行的互联网交易。

2014年3月，由中央财经频道重磅打造的大型电视公益活动“中国创业榜样”推出了一个人，即把中国传统卤菜卖到10亿元的四川成都小伙子——高臻。该活动依托中央电视台深厚的凝聚力，聚集了社会各界的财富力量，力求为中国的创业骨干打造一个汇聚正能量的宣传平台，高臻就这样走进了观众的视野。

在“中国创业榜样”的激烈角逐中，高臻在第一轮就被导师深切看好。新希望的创业导师刘永好、依文企业集团董事长夏华对这个带有“90后”娃娃脸小伙子的创业精神高度满意，在连续3轮的PK赛中，都把支持票投给了高臻。得到两位资深导师的青睐，不仅仅是因为高臻独具慧眼地将传统行业与电子商务结合在一起，而是高臻那种敢打敢拼的创业精神深切感动了导师。在节目现场，高臻满怀激动地说道："在我的家乡，有最美味的美食，也有最前沿的科学技术，我深深地感谢这片肥沃的创业土壤；同时对'中国创业榜样'这档节目致谢，是这个平台给了我机会，让我的内心燃起了把卤菜卖到世界餐桌的熊熊烈火，而这一切的一切都要归功于强大的互联网思维，是它给我指明了今后的发展方向。"

想想以前，高臻对自己的成长岁月历历在目。

12 年前，高臻还是一名高中生，那时的他就已经是一名手段过硬技术高超的网络技术黑客。可巧的是，偏偏就在高考的前一天被警察带到了警局做笔录，这是为什么？原因是出于好奇心理的高臻不小心进入了成都某家企业的网站，被人举报进了警察局。经过这次事件，高臻感觉很没面子，决定以后痛改前非，再也不充当"网络黑客"了。

大学毕业后，高臻凭借娴熟的网络技巧受聘于成都吃喝玩乐网，做起了该网站的 CEO。这在当时，高臻作为一名应届毕业生能执掌大型网站，绝对称得上是行业翘楚、业内精英，毕竟吃喝玩乐网在当时是成都较大的草根 BBS 社区。仅仅三年时间，高臻就通过专业的技能，把成都吃喝玩乐网做成了本地最有影响力的网站之一。没过多久，也就是 2008 年末，高臻就因为与团队的思想分歧被迫离开了他一手打造的网站，并交清了他拖欠的 10 多万元的承包费，用他自己的话说是"干净利落地走人"。

以前的高臻就不按常理出牌，如今更没有了一点出牌路数。他和朋友王春开始踏上了外出旅游的征途，穷游天涯海角。也就是在这个时候，高臻认识了他人生中最重要的好朋友，他的铁哥们——任周。在川东农家借宿的一个夜晚，他们品尝到了人生中最为美味的卤菜，那种味道简直是龙肝凤髓，妙不可言，回想起来唇齿之间依然留有香味。“农家的老板，憨厚的枝大爷做的卤味凤爪，那完美的味道实在令人艳羡。”高臻如是说。

回到成都后，高臻满脑子里都是卤凤爪的影子，翻来覆去好几晚睡不好觉，他在构思一件足以改变人生的一件大事。

在高臻的思维里，创业本身就有创造的意思。于是他决定创造自己的品牌，进行新一轮的创业尝试，决定用“传统 + 互联网”的模式经营卤菜的销售。他要趁着自己还年轻，给青春下一个定义：“再不疯狂我们就老了！”在他口中的“疯狂”究竟蕴藏着怎样的能量？那就是打破常规，用互联网思维做营销，打开一种新的卤菜销售渠道。

就这样，2013 年 1 月，高臻与王春、任周合伙创办了“传统 + 互联网”的老枝花卤店。有了自己的店，高臻每天都在接电话、做 PPT、与用户交流心得，忙得不亦乐乎。

高臻只有 31 岁，而他的目标却是把他的卤菜发展成熟食行业的“小米”！如今他已是中国创业榜样成都站的总冠军，他的卤菜在全国小有名气，而每天的销售额都保持在 2 万 ~ 3 万元，有增无减。

如何让全国人民都知道成都卤菜好吃呢？高臻想到通过互联网，利用网络辐射面大、传播速度惊人的特性进行网络销售，这就是“传统 + 网络”的互联网思维模式的最简单回答，目的就是让全国所有的好吃的都能品尝到、分享到这款美食。在成功解决了“不用防腐剂就能把所有商品保存到一周”的问题后，“老枝花卤菜”这个好创意变成了“好生意”。

这样的完美蜕变还得益于一位成都老婆婆说的一句话。

起初，做卤菜的过程远远没有高臻想的那么简单。为了达到在没有防腐剂的关键前提下，食品在常温下保存一周要求，每天光倒掉的实验材料就达上百斤之多。这时每天都有一位老婆婆来光顾他的生意，老婆婆天天都问高臻同样的问题："为什么你家的卤菜每天都有不同的口味，每周就有 7 种口味?"其实，高臻心里明白，之所以会出现这种情况是因为在生产技术上存在着问题，正是因为技术的不过关才会出现每天一个口味的问题。在此之后，高臻每天带着技术人员攻克难关，反复考量原料加入的分量，仅仅辣油卤的改进实验就尝试了上千次之多。终于，所有的卤菜口味最终被确定了下来，这样才迎来了大量的顾客。

平时下午没事的时候，高臻会到人民公园走访一些成都老市民，要上一碗盖碗茶，听成都大爷大妈聊成都话的历史，一坐就是半天。虽然，高臻是地地道道的成都娃，但是在他的思想里，老人们对成都话的理解和历史渊源是最为密切的。最后，高臻在装卤菜的包装上印上了成都美食地图，并把自己的产品放在了最显眼的位置，便于与顾客的交流互动，他还别出心裁地编写了一部漫画教材《全国人民了解成都话》放在包装盒里。

高臻做这些是想通过这些点点滴滴的文化元素，向全国的人民宣传成都的优秀历史文化，为成都安逸的生活氛围代言。高臻说："无论你来自何方，还是身处何地，只要在你吃卤菜的时候第一时间就能感觉到成都的文化、成都的人文情怀，这是我们最开心的事。"

很快，高臻的"老枝花卤菜"在网上的营销就做得风生水起。仅仅一个月的时间，老枝花卤菜销量就排到了全国第四，高臻还通过市场的角度分析，如今做卤菜网上销售的商家数量很少，而老枝花卤菜每天在淘宝网订货的用户都在200人以上，产品销往全国各地，而且外地客户占了很大比例。如果全国30多个省份，每天每个省份都有100人来享受这份美味，一年下来，老枝花卤菜就会拥有每年10亿元的营业数额。

老枝花卤菜在打着“用互联网思维做卤菜”旗号的同时，也填补了许多经营领域的空白：产品无防腐剂、添加剂、保质期在7~15天、绝对新鲜的跨地区运送等。在接下来的时间里，高臻正在寻求与刘永好等导师的合作，在北京、上海的门店也即将开业，在成都建工厂的许多事项也都提上了日程。

高臻在互联网上卖卤菜确实是一件有足够创意的事，在高臻的带动下，成都许多的企业尝试着用互联网思维完成企业的转型。

就像高臻说的那样：传统思维不能丢，关键在于与时俱进。

这才是互联网思维的精髓之处。

Chapter 2

谁主沉浮：

互联网思维还会颠覆什么

如今，互联网思维已经是无孔不入，传统企业的秩序被打乱，传统企业不得不重新造血。

很多传统企业对于互联网带来的变革诚惶诚恐，其实远不必那么担心。虽然，互联网下一步就有可能颠覆你的传统营销模式，但是你的春天也即将到来：一夜之间引爆你的消费狂潮完全不是没有可能，坐拥上亿元的财富压根不是一个神话。

这些所谓的“神话”并没有那么神奇，只是你在正确的时间做了正确的事，真正地抓住了迎面赶来的机会，正如小米的雷军所说，如果找准时机站在风口，猪都能飞上天。所以，一些企业都在积极寻找风口，争取飞得更高、更远。

如果说，互联网思维将要颠覆传统行业，我们未尝不能祈祷这些颠覆快一点发生，因为我们已经等不及了。我们热情期待一种新的市场秩序被确立，也许就在明天，互联网思维颠覆了教育界、金融领域、房地产市场、医药卫生等，至于还会颠覆什么，我们就拭目以待吧！

1 互联网思维，在教育界燃起了熊熊烈火

现今，互联网思维很火，而且愈演愈烈，就连强大的教育界都没能幸免。无论是 YY、新东方，还是学大，终究没有逃过互联网这把熊熊大火。传统的教育机构开始被互联网思维挖墙脚，互联网思维改变教育界的战役即将打响。

新东方就是被互联网思维颠覆的一个典型的教育案例。

新东方一直不间断地华丽亮相，在人们的视野里不断地游走。自从《中国合伙人》这部电影热播以后，我们对新东方的文化及价值观有了更深入的了解。新东方从事线下教育已经有 20 多年的宝贵经验，而如今在互联网思维的沉重打压下，正面临着走到线上的转型之路。

处于在线教育的风口浪尖，新东方表现出了强大的霸气，它敢于颠覆、直面挑战，以最快的速度分拆上市，紧锣密鼓地与互联网巨头寻求合作。但是由于新东方长期从事线下教育，缺少线上教育的经验，加之同行业带来的压力，因此，新东方也受到了一定质疑。

面对质疑，俞敏洪不甘示弱，严辞予以反驳：在互联网思维的背景下，传统教育和互联网只有通过优势互补才能推动教育产业的发展。现如今，大家如此关注线上教育，对于新东方而言确实存在一定的威胁，而新东方在线以后，是否还能够继续领军教育行业，一切都还是个未知数，这就要看新东方怎样转变思维，以便更好地融入互联网。搞线上教育，除了要具备优秀的人力资源外，还要考虑是否能够实现最为实用的互动性，弥补线上教育的不足，从而满足线上教育的高度需求。

在变与不变当中，俞敏洪坚决选择变，不变就得面临死亡。在变的速度上，俞敏洪选择匀速，因为通过敏锐的洞察力，俞敏洪悉心观察到，许多的互联网巨头还没有进入其中，他还有一点时间静观其变。

洞察的过程当中，俞敏洪深知互联教育的免费性，是大势所趋。但是，新东方不能做免费教育，自 2012 年新东方被美国证券监管部门调查后，股市大跌，业绩深受影响，净亏损 1580 万美元。背着如此沉重的负担，再做免费教育，将会面临巨亏。如果继续收费，新东方将面临市场丧失，俞敏洪在两难的境地里艰难徘徊。要想重塑新东方市场，再延续原有的经营模式是不可能的，在巨大的挑战之下，新东方不得不打破原有的组织体系与具有实力的互联网企业合作，完成传统产业的转型扩张。

由于新东方原本就是靠教育起家，在互联网思维方面属于先天不足，一些计划的实施只能分步骤进行，慢慢实现。新东方积极寻求与成熟的互联网公司合作，打造共赢的合作平台；自身在发展的过程中，也注重线上产品的创新。目前，新东方正在研究一款名叫“我学”的线上互动品牌，这个品牌可以让线下的学生通过登录“我学”账号，以在线的形式向老师提交作业并进行交流互动。

其实，线上教育一个最大的弊端就是缺少互动性。的确，新东方多年来在线下塑造了良好的形象，口碑一直不错，有着很多用户，如果要把线下的用户引到线上，互动性就变得尤为重要。就像许多学生，宁愿从千里之外的城市来到北京与二三百名学生挤教室，也不愿意在线上学习，他们之所以这样，就是为了享受这份只能在课堂上才会有的互动。

俞敏洪预测，在未来的三五年，线下教育的一些部分一定会被线上教育所取代，只不过线下教育占40%，线上教育占60%。这样一来，线上教育的成本较之线下教育会大大降低，线上教育的支出也就只有教师工资和产品技术两大类，这样就缓解了俞敏洪和投资者在教学和资金上的投入压力。这样看来，互联网思维给新东方带来的好处还是蛮大的。

2014年3月18日，新东方与腾讯联合发布消息，将以线上合作的方式共同出资创办公司，新公司的CEO由新东方委任。一时间互联网公司对这一举动众说纷纭，有的人猜测新东方会联合腾讯通过QQ群和直播平台开展业务，也有消息称新东方看准了微信平台，想利用微信支付和短视频推广在线教育。

果然，消息发布不久，腾讯公司就推出了QQ 5.2体验版。其中加入了PPT涂写、重点标记等功能，并且QQ教育的官方介绍称：此版QQ可以通过QQ群实现远程课堂，教学机构也可以通过此群完成招生、会议、管理等一系列的行为。由此可以看出，腾讯对在线教育垂涎已久，一直期盼有一个强大的教育机构融入其中，而这也正中俞敏洪下怀。二者可谓各有所图，成就了一段美好“姻缘”。

面对窘境，其他的教育机构也在探索自己的互联网思维。2014 年是一些行业巨贾的艰难岁月，很多人都在积极地寻求出路，因为他们的心里清楚，如果再不改变，在不久的将来就会被淘汰。

面对互联网思维的熊熊烈火，传统线下教育要么在变革中涅槃重生，要么就将面临消失的风险。教育也要跟上时代的步伐！

2 谁是未来的商业赢家

建材行业风云突变，而皇氏工匠仿佛就在一夜之间迅速崛起，称霸行业内外。不错，皇氏工匠就是凭借互联网思维改变了建材行业的精神面貌，陡然而富。

毋庸置疑，皇氏工匠——是未来的商业赢家。

在互联网市场，皇氏工匠有着充足的自信。在它们的行业概念里，那些靠年份和规模来标榜自己身价的年代已经一去不复返了。聚美优品，短短三年，营业额翻了 10 倍；更令人称奇的当属小米，连续 3 年手机销量增长率都在 100%；类似三只松鼠、黄太吉的市场份额更不用说。这些品牌向广大用户有力地诠释了互联网思维扩张的神话，它们带给传统企业的冲击不仅仅是当头棒喝，更多的是振聋发聩。

而对于皇氏工匠所创造的商业奇迹来说，一些大数据简直称得上是生死警戒！主营互联网家居辅料的皇氏工匠销售额增长率超过 500%，极其低调地领跑同行业产品，仅仅一年，皇氏工匠所服务的用户就达到 50 万户左右。以往，这些数据在传统企业的运作下是不可能达到的，如今却变得轻而易举。皇氏工匠创造的业绩听起来像个神话，可是这就是在互联网思维的作用下创造出的产物，它确确实实改变了建材行业的未来。

皇氏工匠是上海域金澜优电子商务有限公司旗下的品牌。据不完全统计，皇氏工匠自推广上市以来，全中国已经有 50 万户家庭使用过该产品。假如把皇氏工匠的罐子叠加在一起，将会有超过珠穆朗玛峰 12 倍的高度。皇氏工匠是现今发展最迅速的互联网品牌之一，是互联网建材品牌的先行者，在装修辅料行业的地位独树一帜。皇氏工匠的经营理念是力争通过高品位、好品质的产品，给客户带来轻松愉悦的装修体验，用优质服务打造独具个性的家居环境。目前，皇氏工匠在各个地区的代理经销商已经有 200 家，产品行销全国。

相对于一些传统企业的故步自封，皇氏工匠一直坚持奋勇向前的昂扬斗志。

2013 年上半年，皇氏工匠决定采用新兴的销售方式——网络直销来推广自己的新产品——皇氏美缝剂。以诗韵家居、琮琪家居等一批互联网建材类优秀店铺为依托做产业的销售。仅仅半年时间，皇氏美缝剂在销售量上就成为同类产品的第一名，皇氏工匠的员工为此兴奋不已。

获得成就的同时，一场意外悄然而至。鱼龙混杂的市场，恶意的抄袭事件不期而至。一款新的产品刚刚上市却惨遭如此之厄运，真是令人扼腕，这些现象直接映射出中国市场潜在的诟病。近些年，一些行业之间的相互抄袭比比皆是，全友卫浴与全友家私的争端、顾家家居被芝华士家居控诉侵权，相应案例不胜枚举。

皇氏工匠并不为此懊恼，也不打算挑起任何争端，它坚信自己的实力。皇氏人始终坚信，这些公司只要不从事创新，而是一味地亦步亦趋通过模仿他人赚取市场份额，用不了多长时间就会自己倒下。即使规避了所有的法律风险，也仅仅是屈从于市场潮流的小丑而已，皇氏工匠的质量与服务是任何人都模仿不出来的。

2013年底，皇氏工匠根据自己的行业发展需要，通过专业的市场分析调研后，觉得建立自己的旗舰店很有必要。截至2014年7月，皇氏工匠已经吸引200多户的经销商热情加盟。皇氏工匠在做好自身旗舰店的同时，也兼顾着线下产业的发展，仅仅半年的时间，就收获颇丰。为了更好更快地将皇氏工匠的产品送到客户的手中，在服务手段上，皇氏工匠在已经拥有的经销商体系上又创立了独特的经销体系和产品流通环节，为产品的生存和长远发展打下了深厚的基础。同样，它完备的销售渠道与生存空间也是任何商家难以模仿和超越的。

皇氏工匠目前处于级数增长的态势，但企业并没有因为良好的前景而止步。在互联网思维的充斥下，它知道单纯依靠产品的营销根本适应不了高速的市场发展步伐，唯有让客户真正体会到如同皇室般的服务才最为实际。通过使用皇氏产品，让客户觉得自己就是皇室成员，切实体会到皇氏工匠品牌文化的服务，从而实现品牌与客户的整整连接，这也是皇氏工匠始终打造的行业目标与最终效果。

服务固然重要，但是我们最终要回归的还是“工匠精神”。想想我们的前辈工匠，他们的形象在每个人的心里都凝结着一些词汇：默默无闻、辛勤耕耘，他们才是真真正正的高手。归结起来，“工匠精神”所注重的就是产品。如果把企业比作一个实物，在光线的照射下，产品本身就是这个事物的亮面，销售和服务是暗面，这样才能构成一个实实在在的物体。有过营销经验人，都有过这样的经历，当你的产品销售得顺风顺水、没有压力的时候，这时的你最注重的是产品的质量，市场所需的产品也会供不应求；当你在管理与经营中打圈圈的时候，就是公司发展节奏放慢的时候，这时的你只求毛利，而不求高额回报。

时下，有许多企业都说自己的产品很好，只是在管理和营销上缺乏经验。其实这种现象并不少见，但仔细深究起来，还是因为企业对自身产品的不自信。如果你敢于把你的产品放到任何一个平台，反复深究都没有问题的话，即便再不懂管理和营销的人都会有利可图的。

种种迹象已经表明，皇氏工匠对互联网思维的掌控已经非常娴熟。对于那些还没有运用互联网思维，并且对它各执一词的人来说，皇氏工匠确实微不足道；但是对那些已经行动起来，并且正在研究怎样搭建互联网思维的人来说，皇氏工匠真的是一个很值得借鉴的成功案例。皇氏工匠在建材行业的经营思维，特别是对行业发展的探索，是每一个互联网人都应该伸出大拇指啧啧称赞的。皇氏工匠始终坚持创新，相对于那些在原地徘徊的建材行业企业来说无疑是一个很好的范例。皇氏工匠为中国建材行业的企业运用互联网思维做生意开辟了阳关大道。

3 旅游产业的新思路

旅游产业首先要适应时代的要求，注重产业本身的发展，更要达到娱乐休闲的根本目的。以往的行业都关注点子，现在光有好的点子是难以满足市场需求的，在经济与社会大转型的时代背景之下，懂得选择比想法和努力显得更为重要。

传统市场的日趋饱和以及新兴市场的扑朔迷离、难以把控，让许多企业家止步不前，在进与退之间艰难地取舍，行业的转变很难实现最终的突破。而旅游产业却不存在这样的艰难抉择，它的产业模式跟互联网思维有着很大的相似之处：边界点模糊、注重用户体验、跨界比较简单，只要能够满足前期的持续投入，一旦达到临界点将会产生强大的化学变化。

所以，我们可以大胆设想，如果把旅游产业与互联网思维嫁接在一起，在未来的几年通过加速发展，注重产业创新，借鉴互联网的思维和语言，一定会产生极大的突破，可以说创造一个互联网旅游产业的奇迹完全有可能。

结合旅游行业的特点，实现旅游产业的互联网思维有着充分的理论依据。

1. 以旅游做依托，塑造产业未来

我们完全可以把旅游产业看作一个产业的互联网入口，主要原因是它的产业链丰富，没有确切的边界点，与其他产业有着很强大的关联性。我们所说的旅游产业，绝对不是简单地把“旅游”和“产业”拼凑在一起，而是在做旅游的同时，加强产业本身的实力，要通过多方面、多范围的再造升级来最终完成。假如我们在建造一个大型的旅游区的时候，把休闲、娱乐、养生、餐饮、购物、住宿等产业元素融入其中，从而使旅游在环境因素、人文因素、流通因素、产业因素、创新因素当中被激活，把看似一些与旅游不相关的因素融合在一起，就形成了循环效果。把所有的产业都跟旅游复合在一起，让旅游从中充当产业的润滑剂，从而塑造产业的美好未来。

2. 以旅游做流量，创造商业机遇

对于旅游业而言，只要有人气就有利润可赚。旅游业是典型的人气型产业。只要你懂得运用产业的力量，就能拉动人气的增长。只要人气活跃起来，资本运作、土地开发、商业运营一下子就会召之即来，迅速给企业带来发展机遇。这时的商家只需要把一切所能利用的旅游资源都运用起来，如人文故事、生态环境、传统工艺、原材料等，这些对商业的开发都会产生至关重要的作用。通过商业的开发，一些新兴的产业也会被催生出来，像北京的爱斐堡酒庄一样，在品味葡萄酒文化的同时，你还可以进行观光、休闲和文化体验。现在大多数的旅游文化公司不懂得产业的规划，对企业的思维没有精准的定位，往往做出来的方案都是旅游归旅游，产业归产业，从来没有意识到它们是应该在一起的。

3. 以旅游做体验，实现消费者沟通

许多商家把用户称作“上帝”，然而客户至上的理念一直没有落实到位，游客的地位还是被设定在外来观光人员的角色之列。游客外出旅游的目的是最淳朴最直接的，就是简单地放松心情，领略体验当地的自然风光和人文情怀。我们深知，每个游客对同一片景观都有着自己的独到见解，大多数的商家没有意识到保留这份见解的重要性，忽略了对游客旅游体验的调查，这也就意味着忽略了专业服务的提升。还是以北京爱斐堡酒庄为例，我们深知葡萄酒代表着浪漫、商业、健康，爱斐堡酒庄在葡萄酒商品经营的同时，更加注重葡萄酒本身的文化气息，在观光园区营造葡萄酒的文化氛围，通过品牌故事、情境化体验以及品酒社交，实现与消费者的沟通。

4. 以旅游做创意，营造商业卖点

商家的经营目的都是为了赚钱，同类产品要想赢取更大的利润空间只能靠创意做创造。创意性是旅游产品的核心。商家要想获得足够的利润，就要把产品、服务和游客体验做到量化，直到游客满意尖叫为止，这样才能保持旅游产业在行业竞争中的绝对优势。怎样才算好的创意？简言之，就是做到“人无我有，人有我优”，这才是旅游产业的制胜法宝。比如，贵州罗平的大型油菜花景观创意、草莓音乐节的户外创意、云南丽江古城的商业体验。这些原本平淡的商业经营，在经过一番创意之后变得有模有样，卖点大增。真正好的创意思想是经过产品、服务和体验的总结而诞生的，绝不是一时间的灵光乍现。

最后，产业旅游还要坚持自己的品位和个性，有自己的专项特长。亦步亦趋地模仿，是根本无法超越前人的。无论前辈创造的业绩多么火爆，都要保持清醒的头脑，拿来主义到底不是自己的东西。

我们相信，只要旅游产业坚持正规引导，始终保持自身的行业特色稳步前进，运用互联网思维，以后的大发展指日可待。

4 互联网思维的工业化道路

当工业化思维和互联网思维碰撞在一起，会产生怎样的火花？在互联网思维的充斥下，工业思维有着自己的新景象。

在传统的工业思维下，大多数创业者都是借鉴同行之间的研究成果，甚至直接进行复制，而不再进行革新；就算有一些人做到了革新也只是对冰山一角的零星开发。那时候的市场还算机遇众多，稍加努力便可以生存。

以往，创业者们只需掌握市场的销量和潜力就可以估算产能，设计一款产品大致需要多少原材料，由多少专业人员参加生产，只要做一个大致的预算就可以轻松地搞出来。

可是，如今在互联网思维的引导下，仅仅通过简单地学习模仿以及流水线般的复制是不够的。现如今偌大的商业空间里为什么是“淘宝”一枝独大？在即时通讯领域为什么只有 QQ、微信独领风骚，连阿里的“来往”都望尘莫及？如此疯狂的“饥饿营销”，为什么单单雷军一人能够驾驭？其中的症结就是大多数人都在简单模仿，没有由内而外进行革命；所以，大批的实践者不幸阵亡。如果一家企业真的想在互联网时代立足，就必须创造出比同行更多的价值来颠覆以往的常态，以独特的面貌、全新的阵营在互联网世界里厮杀。

在工业领域创造互联网思维，就要树立立体网状思维。我们要做的是多选题。而不是单选题。在题干之下，会有A、B、C、D、E、F多个选项，而不是仅有A一个选项。而这种思维最大的特点就是不能进行三年或者五年的具体规划，快速更迭是其最为显著的特征，必须把握动向适时地进行调整。三年之前没有人知道微信的概念，三年之后再看，所有的网民都在利用微信进行聊天、获取新闻资讯等相关活动，这种颠覆是极具深远意义的。

工业化思维和互联网思维交织在一起的确发生了巨大的化学反应，可谓核裂变反应。以小米为例，业内一致认同华为的质量要胜过小米，可是为什么华为的销量却要比小米差一大截？原因就在于华为只是在为卖手机而卖手机，人们所能看到的华为手机就是一件简简单单的商品。而小米在卖手机的同时也在售卖自己的文化，而这种文化也恰恰得到了用户的认同，他们崇尚屌丝的逆袭，更加崇尚小米为发烧而生的营销理念。说白了，华为在靠工业化卖产品，而小米运用的是互联网思维，卖的不仅仅是产品还有价值链。

在工业思维和互联网思维的碰撞下，势必会产生冲突，这种冲突是难免的，产业竞争就是这样的残酷，你别无选择。

王东创办关心网主要是基于两个角度的考虑：一是在互联网思维的空间里，人与人的交往虽然变得更加便捷，可是人与人的关系却疏远了；另一个原因就是单纯的商业目的。王东发现，在当今的广告市场许多产品都是靠广告式的强行推销，而可怜的消费者总是被动地接受，这种模式已经开始引起了人们的反感。这时的商家要重新确立自己的价值主张，在人文关怀的基础上确立新的商业行为，这才是大势所趋。

王东之所以把自己的网站命名为“关心网”，因为他是一个热心于公益的人。2002 年，王东开始从事公益事业，在做公益的过程中有许多令他感动的人和事，他觉得在目前社会上有许多人都需要被关心、被关爱。无论你贫穷还是富有，都要学会关爱，心情不好的时候有人安慰是关爱；邻里之间的互相帮助是关爱；第一次来到陌生的环境，有人帮你度过难关也是关爱。这些微小的关心是我们每个人都能够做到的，并非需要政府和慈善机构的帮忙。

那么，在市场经济日益深化的今天，怎样实现大家主动地互帮互助，怎样让更多的人积极参与进来呢？为此王东想到了创立关心网，以借助互联网平台实现自己的理想，因为在他的内心始终坚信互联网是能够让人类的内心趋向完美的力量。

对于创办这个网站所带来的商业价值，王东本人并不避讳，特别是同那些帮助别人的人。当你尽自己的能力在帮助别人的时候，很多人会在不同程度上对你产生认同感，你自己的信誉和声望就会获得提升，在这一过程中自己的品牌就会被建立起来。通过品牌传递价值观，引导人们向好的方向发展，这是一个帮助他人成就自己的过程。就像我们在看医生的时候挂专家号的道理一样，我们所认同的是专家而不是医院，在人们的意识形态里，始终是人与人之间的关联，而不是人与组织上的构成。在关爱别人的时候创造自己的价值观，通过互联网这个媒介将你的价值观传达出去赢得良好的口碑，在交流的过程中使客户对你产生最满意的认同感，这个最终完成的商业转化，在工业化领域同样适用。

在王东看来，如今火爆的淘宝、微信绝对不是互联网思维的最终模式。目前网上许多的炒作、恶意竞争都是违背历史发展潮流的。通过事物之间的联系，最有章可循的就是人文价值取向，你对我的价值认同，我对你的价值认同，这样才会把大家真正地联系到一起。

在未来的工业领域，我们把这种价值认同，对同一种工业产品的认可，通过互联网思维传递开来，让自己的产品得到广大用户的认可，从而确立自己的工业品牌，提高产品的价值，这种对商业的信仰和原则，运用到未来的工业领域就是互联网思维的终极模式。

王东预测，在未来的工业领域，将会出现一大批的自主商业链条。他们会通过自媒体平台，或者研发新的交流方式与外界进行交流沟通，并通过自己的服务，赢得用户的认同，完美打造出自己的形象和口碑。

在未来，无论是工业领域还是其他行业，王东始终会倡导自主商业与用户搭建关爱系统，实现与会员的良性互动和销售业绩。这样做有利于成本的降低，可以促进信誉的提升，实现销量的猛增。

最让王东欣慰的是，通过对一些工业领域人员的培训，许多企业在服务和运营上的难题都得到了系统全面的解决，在今后的发展中他们不再有后顾之忧。每当有些企业前来寻求合作，王东都会对企业的发展方向和前景认真把关。除此之外，他还对一些企业提出了许多忠告：每个企业都有自身的特点，不同行业领域有不同的发展路线，金融、房地产、医药卫生等行业的每个企业的互联网步伐不可能完全一致，要找准自己的方向，创造符合企业自身发展的模式。如今从事这方面的专业机构还很少，必须要综合实际真实考察，不能盲目进行选择。

在未来的工业领域，王东更加倡导以维度衡量企业的价值，如用户数量、用户价值、用户的追随力等，而不是以物为目标创造评估价值，浪费时间关注土地、厂房、技术、设备、利润等这些具体的内容。

最终，随着互联网思维的不断渗透，以价值认同转变工业领域的常态，实现工业领域的互联网思维只是时间问题。

5 互联网思维正准备向未来影视业进军

据经济学家预测，在未来的十年里内容产业将会突飞猛进地发展。然而，站在投资者的角度，怎样才能挑选出具有平台性质的投资内容呢？一些投资商把目标盯准了影视行业。

未来，影视行业如果想跨越新的里程碑，就必须寻找新的路径。若还是按照原来的套路搞发展根本就是在原地打圈，没有任何意义。我们都知道影视领域存在的一些诟病：大多数影视公司靠找本子、拉编剧、泡导演的项目堆叠，每年勉强搞出三五部电视剧、两三部电影；还有的影视公司靠做假账、假收视率，经过两三年的囤积积累出几千万元甚至上亿元的利润；最难以想象的是通过A股搞上市，试图制造出一个类似华谊光线，或者通过转卖直接套现走人。这些路数可以说把影视行业搞得乌烟瘴气。

站在今天的市场看影视行业，其必须要用新的思路方法打造新的理念来完成影视产业转型。现今最流行的就是“互联网思维”，如果给互联网思维简单地下个定义，就是敢于颠覆原有重新定义未来。我们把这种思维运用到影视行业是最恰当不过的，因为传统的影视行业在不久的将来，将会面临重大的改观。

既然在不久的将来我们预测互联网能够颠覆教育领域、金融领域，甚至医疗领域，那么，它凭什么不会颠覆影视行业呢？老天爷不会那么偏心，特意圈出一块地方不让它刮风下雨。

然而，有的人始终与这个时代唱反调，对于一些言论，一些预期总是不愿意相信，认为是有些无聊的人在故弄玄虚，并高调地说：就算互联网再发达，三年后还是会有人进入电影院看电影。是的，也许，只能算是大概。三年前你有没有想到过，余额宝在短短的 3 个月内，竟然从银行挪走 4000 亿元？让你想不到的事情还有很多！

当务之急就是抛开我们对于互联网的一切质疑，面对互联网的疯狂入侵，对它既不能排斥也不能全盘接受，最起码在思想上要做好准备。在今后的几年里，互联网冲击下的传统影视行业会面临重大的改观。

首先，要用产品思维代替作品思维是尤为重要的。作者是一个作品思维的起点，作者的思维也在决定着作品思维的走向，而能够满足顾客需求的市场是产品思维的落脚点；一件作品的好坏要经过设计师的反复琢磨、反复修改才能够最终以完美的形式展现在参观者的眼前；而产品思维要通过精准的计算、完美的把控才能得以最终实现。对作品思维而言，就是要在短的时间内只凭借单一作品就能释放所有的市场价值，而产品思维就更加注重快速更迭的空间和后续的更新；作品思维的实现是通过作品本身而言，而产品思维实现价值的方式是价值链和跨媒体；作品思维关注的是本身所独有的影响力，产品思维则更加关注在产品的营销过程中是否能够产生广泛的品牌作用；作品思维靠的是有才华的作者一个人的冲锋陷阵，而产品思维就要靠整个团队的齐心协力，需要钢铁般的纪律，完成堪称完美的配合。

高品质的内容需要才华横溢的创造，有着深刻价值观的作品永远是市场所需要的，因为它能够引导人们价值观的转变。从这个层面来讲，电脑就存在着人脑所不能有的缺陷，因为电脑代替不了艺术家的完美想象和情怀。因此，我们还是需要那些辛勤耕耘的艺术家在未来创造出伟大的作品，我们对一些好的传统是不能够摒弃的。可是，这些并不代表有了优秀的作品，影视公司就能生产出完美的影视作品来，用我们长远的目光来审视一个合格的影视企业的标准是：有能力用生产线和生产流程作保证，连续生产出有规模、有预期产品内容，这些产品还需包含明确的市场定位和商业模式，这一系列的运作都是环环相扣、紧密联系的，而不是单单依托优秀的内容就可以完成。

其次，从项目驱动向受众驱动转变。以项目为驱动是现今影视行业最常见的经营模式，这就存在着项目与项目之间没有本质上的联系。未来发展的影视公司应该围绕着同一个目标、同一个受众群体建立生产线，产业之间形成一个具有良性互动功能的板块，这样一来，即便不同的板块之间也会产生相应的联系，整个公司也就会通过这个目标人群产生一个更加完美的产业链。

比如，我们专门为“90后”打造了一个影视作品，那么我们需要投放的传播媒介就是手机和iPad，其他像是电视大屏幕、平面广告等都是在浪费人力、物力、财力，因为他们不会花时间去关注自己不感兴趣的东西。新兴的影视产业就是要根据不同的受众量体裁衣，从而制定营销策略。

再次，更加注重机构化能力。以往我们通常会根据电影的票房来判定一部电影所创造的商业价值，这是所有传统影视行业一成不变的规则。直到现在每部电影都是把票房收入摆在第一位，用它来体现其巨大的商业价值，如《阿凡达》《霍比特人》《变形金刚》等。在今后新兴的影视产业当中，必须在市场需要和产品研发上做功课，打造行业的产业链条，不再仅仅从播出和上映的结果看商业价值。

因此，新兴的影视产业必须向机构化能力和组织架构方向靠拢，只有拥有充分的市场研究和新产品的开发，才能频繁地、持续不断地生产出适合市场前景的优秀作品。而最为重要的还是目标人群的把控，市场研究部门要找准一段时间内影视行业的兴奋点，把这个兴奋点传递给市场研发部门，通过市场调研总结出合适的作品，并精准地反映作品所要传达的时代精神。

我们可以直言不讳地说，未来影视产业的发展拼的就是市场的研究能力和研发水准，再加上社会化营销。

最后，用精准的大数据替代主观判断。虽然，目前人们对大数据还有一些排斥，可是它在一定程度上创造出来的精准的数据信息是无法否认的。在未来的影视产业领域，我们要相信大数据所拥有的广泛的市场前景。

那时的大数据不仅是简简单单地被应用到市场和群众的调研当中，而且是能够决定什么类型的电影需要邀请什么样的导演和演员，故事到了哪个阶段应该系扣，哪个阶段应该解扣等。这一系列的操作都需要借助大数据的强大功能来最终实现。

2014 有两部热播电视剧正成为人们茶余饭后所谈论的话题，一个是《纸牌屋》（第二季），另一个是《来自星星的你》（第一季）。

当《纸牌屋》第一季被推出的时候，根据大数据统计这部剧只需要带来52万的新增观众就可以成功地收回所有前期投入。可是，令所有人意想不到的是在这部剧播出不到3个月的时间里，就帮助Netflix超额赢得了多达300万的观众。这就是产业内容对于平台所产生的价值，也为影视产业公司提供了明确的价值导向。

《来自星星的你》已经成为一个现象级的作品，通过观众对于“都教授”的疯狂追捧，第二季的到来估计已经为时不远了。综合看来，这两部剧的主创团队已经成为对未来有企图的产业团队。

那么，我们就翘首以待未来互联网思维的影视公司赶快到来吧！

Chapter 3

颠覆式创新：

你的企业适合什么样的创新

创新是一个企业生存的灵魂，企业的发展离不开创新，企业的进步也需要创新精神来引导。可以说，一个企业框架，如果没有创新精神是绝对难以生存发展的。

企业的创新包含了很多内容：体制创新、产品创新、技术创新、思想创新等。体制的创新可以使企业的运作更有规律可循，可以摆脱旧的体制存在的弊病，管理起来更加容易简捷；产品的创新加快了产品的更新换代，而且还能占有强大的市场份额；技术的创新则是提高了生产效率，降低了生产成本；而思维模式的创新就显得尤为重要，它是一个企业的重中之重。

你的企业到底需要什么样的创新呢？

时下，最流行的就是“思想颠覆”，用颠覆传统的思考，颠覆那些已经确定下来的行业准则。因为，这是一个互联网产业高速行驶的时代，任何传统产业在互联网面前都已经失去了水分，不再新鲜，而互联网就是给你提供增鲜的一个完美机会。在互联网思维的改造下，没有什么存在是不可能的，只有没想到的。

因此说，要利用互联网思维展开你的企业创新之路。

1 航运企业向互联网思维取“创新经”

互联网的创新性引发的商业变革会给传统的航运企业带来哪些机遇与挑战？我们正拭目以待。

有人预测，在未来两年很多传统航运企业会向互联网思维过渡，互联网应用将会在这一年里迎来爆发式的增长。

在过去的2013年，对于传统的航运企业来说，确实是不平凡的一年。当这些传统企业在互联网思维的波及下正努力寻找出路、苦苦挣扎的时候，一个惊人的消息犹如当头棒喝，把所有航运企业人员的内心都击沉了。媒体报道：马云宣布“阿里巴巴要在未来的5~8年打造一个富含全国的超级智能骨干网络平台”，这就是传说中的“菜鸟网”。这个网络最大的优势在于，仅仅需要24个小时，或者不到24个小时，就可以把你的任何货物运到全国各个地方，这项功能能够支撑日平均300亿的巨量网络销售框架。这个消息震惊了全国各个产业，这不仅仅意味着传统航运领域会受到极大冲击，也预示着马云会霸占更多的市场份额，从社会化的电子商务到金融，从金融再到社会化物流，支撑整个社会的商业体系，马云只差这一步。

面对新事物的重重挑战和行业之间的步步紧逼，很多具有代表性的互联网电商平台开始投入巨资建立自己的电子商务物流平台。而此时的传统行业在双重压力的入侵下，必须客观对待自己所面临的历史性问题：互联网思维的创新引发的商业变革，究竟会给传统的航运领域带来怎样的机遇和挑战？这是任何一个试图从传统行业向电商产业转型的领导者们所关心的问题，每一步都必须如临深渊、如履薄冰的思忖、考量。而针对这一问题，应该从以下几个方面着手关注：

一是随着互联网元素的渗透，企业与企业之间的关系发生了明显改变。智能化的产业链条要求各个企业之间加强凝聚力，精诚合作。这就需要搭建企业与企业之间协同工作的平台，从而使企业之间形成在数据和资源方面的共享局面。既然企业之间的边界问题已经成功解决，那么他们之间的竞争关系也会相应地缓和，以前的恶性竞争、蓄意挑衅都将得到更充分的遏制，从而使企业之间互惠共赢、开放灵活、包容合作的局面充分体现。

二是互联网的空间日渐开放，促使着更多的航运企业提供更透明、更公平的营销方式，利用超低的价位、高质量的产品和服务吸引客户的眼球，这就促成了从企业为中心到客户为中心的重大转变，自然地推动以往传统航运模式向互联网思维的变革，以便于新颖的物流商业模式的确立。这一以用户为需求的服务特色，将是未来互联网营销的发展趋势。以往航运产业单纯地搞一些箱到箱、门到门、港到港的传统运营方式已经难以满足庞大、快捷的产业链需求，转而需要那些跨越行业体系，能够进行整合的一体化服务，这是互联网发展的一个新景象。

三是互联网的边界无限延伸，所能波及的领域难以预料。以前，要想拿到运送的订单，只需要带着客户“打球”“吃饭”便可以轻松搞定，而今一切的订单都不要以这种手段为诱饵了，他们更需要的是大数据、客户定位分析、定向广告式的精准营销模式，带有水分的形式主义已经跟不上节奏了。而这些营销模式中，最适合航运系统的是客户定位分析，利用腾讯 QQ 和微信平台，由所形成的网络社区中对客户进行私人订制般的定位分析，从而实现精准的营销，这个方法在航空物流电商企业的应用中屡试不爽。

四是在移动互联网的深切号召下，客户收购货物实现了可视化，无论你的货物发到哪个地方，都可以通过网络准确了解定位，这种体验越来越成为企业所关注的焦点。收货人和发货人可以准确追踪货物的具体位置，甚至理货员、司机、船代外勤都能够通过你的手机获得准确的定位，远在外地的船上、堆场发生了什么，你都可以一目了然地清晰掌控。移动互联网旗下的公共账号大家一定不会陌生，他把用户与企业品牌之间的关系做得更加紧密，地理位置的特征变得愈加明显，这就是移动互联网所拥有的强大魔力。

面对低迷的市场境况和行业之间无情的竞争，传统的航运企业不得不寻求和探索适合自身发展的电子商务模式。

经过美国的研究数据显示，在 2013 年前十位的电子商务企业当中，除了亚马逊和 EBAY 是互联网企业，其他都是靠经营传统零售业发展的电子商务网站。这一研究数据足以引起我们的思考，这说明传统的商业并非一无是处，在电子商务涉足互联网领域的道路上存在着自有的优势。而航运企业也有着自身的明显优势：积淀多年的行业经验，更加了解市场的脉络；强大的销售网点和通货渠道打消了产品无从销售的念头；通过高端的技术人才所能完成的商品议价、市场话语权以及行业品牌形象打造，都可以为传统行业转型提供保障；航运产业最坚实可靠的依托还有码头、船队、堆场、运输车辆等硬性基础设备，这是其他行业所不具有的。由此可见，如果传统的航运披上电子商务这套新衣，它在商业领域的地位便会一跃而上。

航运企业的归属问题我们一直在反复定义，最终觉得让它从属于服务业还是较为恰当的。对于那些国内规模比较小的中小航运企业来说，完成产业联盟是一个不错的选择。联盟后，可寻求与一些大的电商产业合作，比如京东、天猫、1 号店等，因为它存在着优势互补的强大功能。此外，现今很多商品都有自己的网店，郭佳佳通过网上经营情趣用品都可以做得火热，为什么航运企业这么大的产业公司就不能拥有自己的网店呢？在淘宝网开自己的网店，航运产业可以做到！

未来航运企业将会发展成一个虚拟的产业模式，而“虚拟企业”具有完全不一样的游戏规则，航运企业又将怎样应对呢？现实十分残酷，国内任何一家企业都没有做过率先的尝试，只能通过自己大胆的尝试、摸索。不过，我们还是可以通过一些涉足做航运的电子商务企业总结出一些门道：

建立适合互联网参与的航运虚拟产业一定要遵循“攘外必先安内”的产业策略。企业能够通过灵活的、扁平化的组织架构实现产业的调配是满足一些小批量、多批次业主的基础。

在重构的同时，还要深切地考虑精准的营销方式，正确定位线上和线下产品的层次关系，也要对未来的产业发展有个大致的规划，重视客户的心理体验，结合移动互联网的优势，让用户真切体验全程参与的热情。一定要选择开放的技术手段，对线下的产品进行整合加工，利用大数据思维实现资源的优化配置。重视服务的质量和品质，牢牢把控服务的水准，从而完成线上与线下的完美对接。

如今，不仅是国内，就连一些国外的商业巨头们都开始对运输供应链资源进行调配和整合。这样做的目的是使自己的产业实现网格化的布局，从而满足自己供应链的需求；此外，尤其注重对 IT 产业的研发和注重，力图在新的商业浪潮中，使得以 IT 为驱动的航运物流商业在繁复的竞争环境中争得先机。

前两年，当中外运宣布进军电商搞物流的时候，大家并不看好。原因就是，对于国企而言，存在着“船大难掉头”“市场反应慢”“工作效率低”的产业诟病。可是国企改革的大幕已经被拉开，新的政策也被推了出来，以互联网思维为代表的新一轮产业革命已经势不可当。作为航运企业，只能是迎头赶上、发展创新。对于未来航运的进一步发展，每个人都应该有信心。通过产业模式的创新，未来航运业一定会大有作为。

2 春潮涌动的互联网金融创新

面对互联网对金融行业发起的挑战，传统的银行业已经作出了回应。但是，随着互联网产业在各领域的迅猛发展，对于互联网支付所带来的金融风险，我们也不能掉以轻心。

作为全球第二大经济实体，中国对金融行业所做的改革是世界瞩目的大事件，尤其是政府对利率、汇率、金融管制条件的放宽，更是吸引了许多国家和团体的眼球。中国金融领域的改革主要出现在互联网时代的变更期，在传统金融领域向互联网金融领域的过渡中，中国金融产业的结构、框架都会做出相应的调整。

很多人担心互联网金融在不久的将来会取代传统银行产业。VISA 集团亚太地区总裁柯如龙对此并不表示担心：“对于未来的前景，我依然持乐观的态度，在未来的 50 年内，中国的中央银行一定还会继续存在，硬币也在流通，但是对纸币的存在与否我就不敢估计了。因为 50 年后，我们不能保证随时随地都有网络节点能进行支付。一些用纸币的消费者，在一定程度上还会存在。”

平安陆金所董事长计葵生对于“未来50年银行还会存在”的观点也是赞同的。他还表示，互联网金融并不会完全湮没传统的银行产业，它会填补银行的服务能力薄弱的一些环节，比如向一些中小微企业提供信贷业务。这些中小微企业发展的步伐很快，但由于缺少资金，还没等羽翼丰满就可能会因为资金的脱节而夭折。而银行尚未对这个领域进行覆盖，“我坚信在未来的50年内，随着互联网金融的发展壮大，我们有机会把这项工作做大做强。”计葵生觉得，中国有很多人为了更好地生存，都热切地期盼能够掌握一些专业的技术，不说高精尖，最起码达到熟练精通的地步。而恰恰有的人愿意把技术分享出来，并且发扬光大，这些人的精神难能可贵。互联网投资同样是一门技术，能够完整地掌握这项技术，在将来的互联网金融领域一定会有很大的拓展空间和行业价值。

对于互联网金融创新的出现，我们每个人都措手不及，包括那些整天围绕着互联网、国际金融的学者们都没能及时地接住这个橄榄枝。

但是，我们每个人都不要对传统金融产业持有悲观的态度，互联网金融正在不断促进传统金融领域与新型机构的竞争。举两个例子，中国平安就是传统的金融行业，以前它做的是单一的保险业务，在互联网思维的带动下，同样增加了好多的业务分支；还有余额宝的出现，也确实让人眼前为之一亮。我们深切地体会到，发展与改革所产生的时代意义，技术的迅猛发展确实让我们的世界变得更加丰富多彩，我们将会拥有更多的想象力，更大的发展空间。

在未来，传统的机构必然会进行自我革新，没有创新就没有发展。一个企业就算有再雄厚的资产，如果不创新也会被这个时代所冷落，所以我们要顺应互联网金融这一历史发展趋势。

如今互联网金融已经成为人们普遍关注的话题，并且显现出强大的市场影响力，实现了移动网络和电子商务的完美结合。移动支付成为金融领域常用的支付手段。

互联网金融的另一个特点是交易成本低廉。低廉的交易成本加快了金融流动，而且通过金融的流动把借贷双方很好地联系到一起，避免了因地理位置、借贷速度和成本因素造成的不便。而一些从事财富管理和信托的媒介公司就相对缺乏这些流动性，因而显得步履维艰。

面对互联网金融的种种态势，传统银行业有必要做出大胆创新，进而缓解压力。

1. 挑战风险投资，加强监管

时下，许多人都对风险投资情有独钟，因其本身存在强大的诱惑力，投入的资本可带来巨大的收益。而在金钱的利诱下，几乎每个人都不能免俗，趋之若鹜是人们一贯的反应。其实，在互联网金融领域也存在着风险投资，只不过它的产业形态刚刚被发掘出来，还在进一步的发展之中。

互联网风险投资与以往的实物投资形式不同，你所投资的东西既可以是实实在在的产业，也可以是虚拟的一些概念性东西。针对方式手段而言，还是强调网络的主动性。计葵生说："风险投资在美国、欧洲以及其他发达国家已经发展了三四十年，中国在这方面虽然刚刚起步，但发展势头非常迅猛，甚至后来者居上，如果真的要搞互联网金融的风险投资，我没有意见，但是我们在搞之前要有一套自己的管理手段。”

的确，任何一项创新都会经历一段艰辛的历程。面对互联金融创新的强烈挑战，我们不得不拿出应对方案，特别是传统的银行业。在互联网风投上，对于互联网支付所带来的风险我们也不能掉以轻心。

彼得森国际经济研究所的亚当波森主席也对互联网支付风险存在一定的看法。他认为，互联网所带来的支付风险的确很让人伤脑筋，作为支付方完全履行所有的合约是没有任何问题的，但也总会有一些投机分子破坏其中的规则，甚至抓住互联网支付的一些漏洞，趁机钻空子、做坏事。可见，互联网支付所存在的风险我们不能小觑，必须加强互联网金融监管。

上海交通大学朱宁教授认为，在中国发展互联网金融的过程中，也存在着监管套利的现象。这种现象主要来自互联网本身独有的个性。在资金方面，互联网金融是没有任何要求的，央行也不会介入其中进行干预，这就造成了监管套利情况的发生。互联网金融虽然有着本身的优势，但是进行严格的风险监督和管理也势在必行。

2. 加快利率市场化的前进步伐

2013 年，在中国大连举行的达沃斯论坛上，利率市场化是人们反复强调的热词。很多从事金融行业的专家都一致认为，要想加速利率市场化的进程，需要银行依托互联网金融的平台激励。

在利率市场化的行进中，我们还要兼顾一些具体问题，不能光顾着发展的效率，而忘记了质量。第一点就是做好存款人和投资人的保密工作，而能够解决这个问题的就是存款保险业务，我们要对存款保险进行科学的管理、升级。第二点，电子支付转账的问题，电子支付转账对于消费者是一件好事，通过网络的介入让互联网金融与银行实现了良性竞争，使银行在存贷利差上受到了冲击，但要注意力度，掌握好轻重缓急，不能让银行因为严重缺少利润而宣告破产。最后，要放开资本的条条框框，把一切束缚降到临界，从而实现资本的自由化。

“无论是存款利率的放松还是贷款利率的放松，关键在于有没有金融企业为那些中小企业提供融资。”亚当波森说。这实际上是在强制推动金融企业创新与发展的革命，对此，银监会也理解这一点。而且，银监会特意做出了一些新型的改革，对这些中小企业伸出援助之手，帮助他们解决现实困难。虽然，这些新兴的举措也存在一些风险，但是中小企业的融资需要迫切地得到解决。

虽然中国的同业拆借利率、外币存贷款利率、债券市场利率基本上实现了市场化定位，在定价方面也有了一个明确的指向，但是真正意义上的市场化并没有完全实现。这其中最重要的原因就是以中央政府作为信用的隐性担保体制的羁绊，导致了许多高风险资产一直享受着低风险高利润的保护伞待遇。

身为渣打银行大中华地区研究主管的王志浩对此有很大的反应，他认为，政府的隐性担保并不是一件好事，其中隐藏着大问题。

计葵生也表示，任何人去银行、信托公司办理业务，都一致默认其中存在着政府的隐性担保。他强烈建议，在金融资产实现证券化以后，负责对金融资产进行打包的时候，要严加防范政府的隐性担保问题。

至于未来中国会不会效仿 FDIC 的存款保险制度，在这个问题上，还存在着较大的考虑空间。

对于推行存款保险的问题，国务院总理李克强在 2013 年的达沃斯论坛上也做出过相应的回答。总理说："中国要积极推动多层次的资本市场良性发展，将进一步对金融监管体系进行完善，对于中国是否要推出存款保险制度，我们会选择时机的。"

繁复多变的互联网金融，对中国的市场带来了机遇和挑战。我们运用互联网思维对金融产业的创新，一定会随着时间的深入，迈出更大的步伐。我们也坚信，政府一定会做出更深入的举措，来解决目前所面临的难题。

3. 苏宁电器的微创新

尽管科技发展越来越迅速，但大的创新并不容易实现。企业坚持持续微创新的发展模式，就是适应时代要求的最佳思路。

微创新追求的是以细微的创新来改善用户体验。这些创新虽然微小，但必须立足于"用户体验至上"这个刚性需求。企业通过在关键环节不断进行微创新，由量变逐渐积累出质变，从而实现整个商业模式的根本性变革。

苏宁电器把企业名称改为"苏宁云商集团股份有限公司"。这个"正名"行动的背后，是苏宁云商的市场大布局。假如没有一连串的微创新，人们也不会把苏宁视为互联网企业中的又一位变革者。

随着手机的普及，手机贴膜成为街头的一道风景。谁知 2014 年 5 月 19 日，苏宁的门店在首批 34 个城市推出了一个令所有人都大跌眼镜的服务——免费为用户的手机贴膜。

不管你的手机是在哪里买的，都可以到苏宁门店里享受这项服务。如果自己没有事先准备好贴膜的话，不要紧，苏宁的工作人员会主动提供。当然这也是免费的。

手机贴膜的市场需求很大，消费次数很多，但苏宁为了改善用户的消费体验，硬是直接呈上免费服务。这份魄力，连擅长使用“免费策略”的奇虎360老总周鸿祎也赞不绝口，称其为真正颠覆了传统模式的互联网思维。因为根据苏宁云商提供的数据来看，仅仅三天，门店就为用户贴了近80万张手机屏膜。工作量不可谓不巨大。

苏宁的微创新很快触动了各界的神经。“苏宁免费贴膜”这个话题在各种社会化媒体中引起了热烈反响。微博上的条数达到了200多万，百度指数也有40多万。随着话题升温，用户之间的口碑传播也顺便完成了。免费贴膜带来的效益是可喜的。就在客服人员辛勤贴膜的三天里，苏宁门店在工作日的客流量大大超过了从前。苏宁易购客户端的下载激活量，也增长到了22万。与此同时，光临门店的用户也让苏宁的世界杯彩电、空调等季节性产品与手机、电脑等普通产品在当周的销售额比上周增长了120%。

尽管这个增长速度未必能一直保持下去，但苏宁免费贴膜的微创新极大增强了品牌影响力与用户满意度。这笔无形资产远远超过免费贴膜带来的成本。据悉，苏宁门店已将手机免费贴膜确定为长期标准化服务项目，今后还将逐步开放移动互联网终端预约专用膜等一系列免费服务。

这个案例给我们一个启示：微创新不一定是从新技术出发。

手机贴膜并不是什么高门槛的高新技术。但绝大多数企业都不愿意与贴膜小贩竞争这块利润并不高的市场。苏宁却跳出了常规思维，把这项再简单不过的业务列为门店的专项免费服务。如此一来，就能把分散的客流聚焦于自己的门店内，带动其他产品的消费。

把用户思维、流量思维、免费思维合三为一，就构成了一个微创新思路。苏宁云商致力于打造“店商＋电商＋零售服务商”的混合体，以全新的模式服务整个行业。手机免费贴膜只是万里长征中的一步而已，后续的微创新迭出，才是苏宁云商的市场大战略。

您在家电产品门店里吃过免费海鲜吗？上海五角场的苏宁门店海鲜体验馆会满足您的愿望。

2014 年 7 月 5 日至 7 月 13 日期间，“苏宁海鲜—獐现美味”O2O 概念体验馆让当地顾客过了一把吃货瘾。特级大厨在苏宁海鲜体验馆里现场烹饪海鲜，让广大顾客免费品尝。这一轮互动为苏宁门店带来了销售热潮。这是一次典型的跨界微创新。

獐子岛是生鲜行业的巨头。苏宁云商与之签订了战略合作协议，结成一个线上线下一体化合作的异业联盟。苏宁已经开放了自己的大数据平台——苏宁云台。獐子岛不仅以第三方商户的名义入驻，还共同建立了“苏宁海鲜—獐现美味”O2O 概念体验馆。

这次跨界合作的创新之处在于，传统的家电产品展示都是静态的，而苏宁通过用冰箱冷藏生鲜，用无烟灶具现场烹饪海鲜等形式，用动态的方式展示了产品的优良性能。

专家认为：苏宁这次微创新不仅充分展现了实体店产品的性

能，还巧妙植入了网上苏宁易购超市频道的食品，从而加强了O2O 门店与用户之间的互动联系，给用户留下了一种充满活力与真诚的美好体验。

苏宁的微创新始终牢牢把握“用户体验为王”这个核心准则。上海“苏宁海鲜—獐现美味”O2O 概念体验馆就是苏宁云商微创新的又一次大胆试点。据资料显示，苏宁除推出了手机免费贴膜服务之外，还先后推出了 5 大城市特斯拉免费试驾、12 个城市谷歌眼镜免费体验、3D 打印机免费开打、V 购服务、夜间送、Game Call 夜间叫醒等一系列微创新服务模式，赢得了广大消费者的好评。

上述服务模式的微创新，大多数都是围绕着门店展开。企业连续推出微创新也许不算太难，难的就是把一系列微创新整合到一起，使得企业产业链实现整体性跃升。

移动互联网的蓬勃发展，一方面给实体门店带来更大的冲击，另一方面为互联网产业注入了新的活力。线上线下一体化的 O2O 商业模式，大多以传统的 PC 互联网为基础。移动互联网则加速了门店的转型。

PC 互联网时代的用户如同论坛的注册会员数一样，往往存在水分。一个人可以同时注册几个账户在互联网平台上活动。这样一来，企业很难精确地把握住用户资源。但移动互联网主要以手机等平台为媒介，用户是以手机为识别符号的真人，企业可以与之进行精准的对接和互动。在移动互联网时代，传统企业无须建立复杂的服务平台，只需使用智能手机的移动互联网终端，就能实现同样的互动交流效果。

在苏宁云商的互联网转型战略中，各地门店的互联网化改造是重中之重。苏宁易购打通了电子商务领域，但苏宁云商寻求组建自己的 O2O 体系。作为仅次于京东和天猫的行业领跑者，苏宁云商并没有走上以 PC 电商对抗 PC 电商的老路，而是扬长避短，强化自己在物流与门店领域的实力。这就是为什么苏宁推出的一系列微创新都围绕门店展开的根本原因。

如今的苏宁云商开放了互联网平台 3.0，致力于线上线下在产品、价格、服务、支付等环节的“大一统”。苏宁云商将“互联网零售”作为企业的主体，O2O 模式和开放互联网平台作为两翼，一体两翼共同发展。其中关于互联网门店的微创新，就是这盘大棋中极为重要的一步。

4. 互联网时代的企业创新模式

没有创新能力的企业，注定要在互联网经济中碰壁。忧患意识是企业发展的主要驱动力。面对变幻莫测的未来市场，勇于创新的先行者，更容易赢得长久之利。

在互联网时代，企业的创新主要围绕产品技术与商业模式两个方向展开。

技术创新型互联网企业往往拥有令用户尖叫的产品，对同行竞争者形成了领先的技术优势。市场环境催促着企业快速迭代，产品研发的周期不断提速。这是因为企业越来越难以满足用户多样化的需求。通过不断的技术创新，企业可以让用户始终处于购买欲最旺盛的尝鲜状态。

为了实现这个意图，企业不怕出错，只怕不能快速试错。只要能以高速度持续进行微创新，企业总能试出最让用户满意的新产品。

商业模式创新型企业，可能具有高科技研发能力，也可能存在技术上的先天短板。但经过商业模式的互联网化改造后，这类企业的运营效率与品牌影响力也能获得很大提升。商业模式的创新主要通过改善用户体验和优化营销流程两个途径来实现，以便捷高效的极致体验来征服用户。

毫无疑问，如果企业能将两种微创新模式合二为一，将获得更强的创新能力，在市场中挖掘出更多的商机。

华为对未来20年的互联网发展有一个预判：下一波互联网浪潮将把人们带入一个数据化与智慧化的新型数字社会。商业高度互联网化，移动互联网可能会催生“无边界企业”，云计算与大数据可能让全世界形成一种互联共享的智慧，社交媒体将引导全球消费者走向同化。

为了迎接新时代的到来，华为未雨绸缪，一面积极推进技术创新，一面充足自己的商业模式。

“数字化重构”是华为技术创新的中心思想。通过ICT（信息通信技术）基础设施的转型，数字化重构战略将带动整个华为的业务转型。技术创新不仅仅是为了提高企业效率，更是为业务发展与商业模式创新提供强有力的支持。

如今的互联网发展到了4G（第四代移动通信技术）阶段，而华为已经把目光瞄准到了5G。据华为高层透露：未来的5G无线带宽，可能是目前最快的无线带宽的100倍，可以让用户无处不联网。这是建设数字社会的基础，故而华为成立了2012实验室，专注研究5G标准化问题，争做全球5G技术推广的先行者。一切都是为了迎接下一波互联网浪潮的挑战。

建设智慧化城市，创造智慧化生活，是华为的未来长久战略。这个宏伟计划已经通过一些微创新举措开始布局。

如今的消费者大多患有“网络依赖症”。许多网民吐槽曰：“断网是第一生产力!”意思是当你连不上网时，就可以静下心来做很多事，工作效率超乎自己的想象。还有一个有趣的段子：海外某国治安有点乱，聪明的中国商人在店门口设置了一个免费Wi-Fi，结果警车在这条路上的巡逻次数越来越频繁……

由此可见，上网对人们生活的影响有多大。尤其是在移动互联网时代，许多餐厅都开通了免费Wi-Fi以吸引更多“蹭网”用户顺便就餐。

对于大城市里的上班族来说，上下班途中坐公交车的1~2个小时，最需要上网打发时间。偏偏公交车上没有免费Wi-Fi，用户只能用手机套餐流量上网。假如能在乘车过程中也随时随地有免费Wi-Fi的话，挤公交就不那么让人郁闷了。

华为洞悉了这个庞大的用户需求，与巴士在线公司共同推出了一套车载移动互联网解决方案。

这个方案的核心产品是华为研制的同时具备了媒体播放、Wi-Fi、存储功能的敏捷网关AR511。这种敏捷网关可以配置于各种车辆、餐厅等公共场所，用户可以很方便地接入免费Wi-Fi。与此同时，合作商家也可以借助这个渠道，以GPS、音频、视频等方式对公交车上的用户进行立体的差异化的精准营销。用户在免费Wi-Fi上点击的广告、视频、游戏、应用集成，将成为这些企业的收入来源。

该方案即将在北京、上海、广州、深圳等大城市进行设定。第一批得到虚拟运营商牌照的巴士在线，已经开始打造自己的移动互联网生态链。华为研制的技术设备，就是其中一个重要环节。如果没有这项技术创新，公交车就无法为乘客提供免费的 Wi-Fi 服务。

在公交车上设置免费 Wi-Fi，既是技术创新，也是一种商业模式创新。

在移动互联网迅猛发展的今天，互联网企业纷纷把移动互联网入口视为必争的战略要点。例如，腾讯应用宝与手机“打车神器”——滴滴打车应用的联合，就是一个典型案例。随着交通运输网覆盖面的不断扩大，公交与地铁已经成为大城市用户最主要的出行工具。据统计，上海每天乘坐这两种交通工具出行的人有 1000 万之多，就连杭州也有 439 万。

出行人口的激增，交通行程时间的加长，让车载移动互联网的市场需求越来越迫切。免费 Wi-Fi 就是用户最迫切的移动互联网产品需求之一（甚至连“之一”都可以省略）。

车载免费 Wi-Fi 与 360 公司的免费思维殊途同归。通过提供免费 Wi-Fi 来吸引乘客去使用车载移动互联网产品。当然，光免费还不行。免费却断断续续的 Wi-Fi，只会让用户感到更加不爽。为此，华为的 AR511 设置了资源冲突控制装置，可避免因某个用户占用过多资源而降低其他用户上网速度的局面。如此一来，用户体验就能保证流畅了。

移动互联网时代不仅颠覆了传统行业，也动摇了之前的 PC 终端为主导的互联网经济格局。从某种意义上说，这使得互联网企业与传统企业回到了同一起跑线上。只有将技术创新与商业模式创新相结合的企业，才能在这条充满变革的道路上发现更多他人尚未发现的机遇，成为新时代的先行者。

Chapter 4

互联式企业：

未来十年的企业变形计

有这样一句话：所谓的趋势就像一匹马，如果你跟在马的后面跑，你可能永远追不上，只有骑在马背上，才能跟上节奏，这就是马到成功。

如今的商业市场变幻莫测，我们根本不知道哪块云彩下面蕴藏着雨滴，紧跟时代的趋势似乎很难做到。企业的生存环境在短时间内改变，着实是让一些商家喘不过气来，如何抓住机遇成功转型已经是大势所趋，跟不上趋势，也就难以拥有光明的未来。

如果哪天你突然间发现，隔壁的老吴已经不开火锅店卖起了手机，请不要惊讶，在这个跨界的时代里，行业之间的整合、交叉、渗透无时无刻不在进行当中。那么，面对这种景象，你该如何竞争，如何生存呢？

我们可以预见，未来十年之内，销售渠道的竞争、资源整合的竞争都变得不再重要，而占有终端消费者才是真正的王道，只要你手中持有这些用户，不管他从事什么样的消费，不管要求怎样的服务，你都可以自信立于不败之地。

1 未来十年内互联网发展的十大公认趋势

粗略估算一下，互联网技术自从被发明出来到如今的广泛应用，已经走过了差不多 40 个的年头。今天的互联网十分活跃，我们在网上可以下载一些感兴趣的音频和视频，但偶尔还会收到不明的垃圾信息，更有甚者受到黑客的攻击等，这些都是互联网带给我们的或好或坏的影响。

美国从事研究计算机的一些科学家已经着手考虑改造这些影响，要对互联网的整体结构进行调整。这些调整将涉及 IP 地址、路由表技术以及网络安全等方方面面。尽管在如何修改互联网结构的话题上，每个人都抱有自己的看法，但是，业界对未来互联网的发展趋势普遍存在着几点认识。那么，在未来的十年内，互联网究竟会有怎样的发展前景呢？我们总结出了十大观点，对未来互联网发展的趋势做了一个大胆的预测：

1. 互联网的中心设备将更新

未来的互联网中心将不再是电子计算机，以电脑为中心的互联网形态将要退出历史舞台。我们预测在未来的几年里，城市当中越来越多的基础设备会连接到互联网上。我国科学基金会对互联网的未来发展前景也做了大胆预测，未来我们国家所有的建筑群和桥梁等设施的传感器都将与互联网进行链接，以便采集各种信息。它们通过传感器传到互联网上，类似的安保问题、电力运行问题等都会得到明显的改善。专家说，到了2020年，链接到互联网上的传感器数量会大大超过互联网用户的数量，所以互联网中心设备的改变指日可待。

2. 互联网的布局会越发分散

未来十年，互联网的集中使用区域会出现在发展中国家。随着发展中国家的日益崛起，互联网的应用也会变得更加重要。根据世界互联网的统计结果表明，北美的互联网使用率达74.2%，位居第一；位居第二的是中东地区，占28.3%；亚洲则是19.4%；排在最后的是非洲地区，仅为6.8%。这就意味着互联网在发展中国家还有很大的发展空间。所以，未来地球上除了北美地区以外，其他各个地区的互联网发展都将会迎来一个崭新的时期，而互联网所能够支持的语种也会越来越多。

3. 互联网的数据传输量将会猛增

随着人们对互联网的要求越来越高，他们对视频和图片的要求也就更高了，已经不再满足于标清画面所带来的感受。高清、超清的画面感将更加被用户所喜爱，因为看得更清楚，看得更直观。所以互联网的数据传输量飞速增长，截至2014年，全球互联网每月的流量已经突破10亿GB，较之以往的互联网流量增长了一倍。随着不少在线视频网站越来越被用户喜欢并使用，将来的互联网流量估计还会大幅上涨，所以研究人员已经决定将一些互联网应用转换成以多媒体技术传播途径的内容传播中心，一个新的网络形式将会被定义。

4. 互联网的用户将会明显增多

全球总人口数有67亿，而互联网的用户量在17亿左右，随着互联网科技的日益普及，相信在不久的将来会有更多的人享受到互联网所带来的便捷。2020年以前，互联网会走进各行各业，人们也会对互联网有更多的了解，届时互联网用户有望达到50亿，互联网的规模会越来越大，所涵盖的领域也会越来越广。如今互联网的飞速发展，也为人们构建下一代的互联网结构提供了更为宽广的道路。

5. 互联网将迈进无线化

早在2010年，我国的移动宽带网用户就已经达到了2.57亿人，如今我们的3G、4G、Wi-Fi等高速无线网络已经为无数的网络用户带来了生活上的便捷。目前亚洲地区是使用无线宽带业务用户最多的地区，但是用户增长率方面，最为显著的还是拉丁美洲地区。如今，世界无线宽带的用户数量还在不断增长。

6. 互联网也要实行节能环保

互联网所引起的能量消耗也是不容我们小觑的。未来互联网在应用过程中，必须注意到能耗的问题。从2000年到2014年，短短的十几年间，互联网所带来的能耗就比以往增加了2倍。能源价格一直处于增长状态，国家号召节能减排，加大环境整治力度，所以互联网产业也要在能源领域做出成绩，加强互联网领域的能效性和环保性，从而节约更多的成本，为社会做出应有的贡献。

7. 互联网黑客将会更难应对

网络黑客始终是令人棘手的问题。随着互联网渗透的领域越来越多，黑客的数量也在节节攀升。他们制造出令人厌恶的恶意代码，见缝插针，无孔不入，根据美国安全公司赛门铁克（Symantec）数据，2008 年一年就出现了 160 万种新的恶意代码，比以往出现的恶意代码总量 60 万还高出 100 万。所以说黑客技术正走向高端化、普遍化、复杂化，要想成功应对这些问题，还要花很大的力度来解决。

8. 互联网的管理会更加注重自动化

目前，互联网的安全漏洞问题，已经通过 360 等查杀软件得到很好的遏制，但是互联网的管理技术还存在很多方面的不足。互联网领域希望科学家们能够尽早研发出一套能够自动管理互联网的技术，从而更加精细地进行网络数据分析和网络病毒的跟踪。

9. 互联网将降低对网络信号的严格要求

如今，无线用户越来越多，甚至有些偏远地区的用户都已经使用上了无线网，互联网的架构也就出现了变化，再也不用用户必须始终与网络保持连接状态。现在，研究人员正在研究一项新的技术，即便是网络延迟较大或者通过其他用户也能将自己的信息数据传到指定的地方，这种技术将会对互联网的发展提供很大的帮助。甚至有一些大胆的学者已经开始了在行星之间进行网络传输的研究，这为解决网络延迟提供了很大的借鉴意义。

10. 互联网将提供更为强大的云服务

许多互联网专家一致认为，未来的计算服务将全部交给云计算来完成。根据最近几年的网络发展程度来看，到 2015 年，云计算所创造的收益将会达到 455 亿美元，所以能够掌握云计算服务的互联网技术无疑是一个很好的成功契机，我们要鼓励更多的从事科研工作的科学家加入这项工作的研究，为社会创造更多的福利。

2 互联网将如何颠覆传统行业

传统行业正在以裂变的速度接受着互联网的冲击与挑战，关于未来几年传统行业如何发展的论战一直没有停止过。互联网对传统产业究竟会引发怎样的革命，业内对这一趋势进行了细致的剖析，对于互联网如何颠覆传统行业，进行了直观的表述。

那么，互联网到底对一些传统行业做了什么呢？

1. 制造业

传统的制造业都是在固有的模式下闭门造车，生产商决定生产什么样的产品就是什么样的产品，消费者无须插嘴。但在未来，互联网思维的介入会改变这一常态。在未来的生产环境当中，消费者必须参与到产品的制作中去，制造者通过与用户协商，制作出他们想要的产品。也就是说，在未来，生产者与消费者之间的界限会变得越来越模糊，传统的生产者决定市场方位的经济理论会逐渐瓦解。

小米手机就是用互联网思维做出来的经典产品，所爆发出来的惊人力量是任何产品无法抵御的。

对未来制造业的预测：传统的制造业将面临窘境，较之以往只要投放广告和大规模生产就能赢利的时代即将终结；一个崭新的时代马上开启，全新的产品定位，个性的私人订制，每个消费者都是自己产品的设计师，消费者有权决定如何生产自己想要的产品，这种决策权就是互联网的新规则。

2. 医疗业

在未来，医疗行业将会完全与互联网接轨，这样对患者和医疗行业都有好处。

对于患者而言，通过互联网，可以对各个医院的水平和医生的服务态度进行全方位的了解。看完病后，还可以对医院和医生进行客观评价，并且让所有的人都知道。医院和医生可以通过大数据，对患者的病例进行长期保存，直到患者寿终。可以想象，未来的互联网可以将你的一切信息通通传到云端，对你的生活细节进行全方位把控，如果你真的恰巧生病，医生会通过云端的数据对你的病情做出准确判断。其实，我们更多的时候是无须到医院就诊的，一些小毛病自己就能够解决。在未来我们可以把自己的病情通过在线交流告知给医生，然后，医生通过对症下药，把药品通过物流的形式传到患者手里，这样对于患者来说减少了看医生时顶着病痛还要赶路、挂号、排号、取药等不必要的麻烦。

而且，通过互联网，医疗行业现在的一些问题也会慢慢得到解决。病人描述病情所花费的时间会大大缩短，时间的节约也提高了医生工作的效率；医院的透明性也会大大增加，通过网上购买药品，一些药品价格的机密就会不攻自破。随着医院的这些区域性问题的逐一解决，技术资源会有很大改善，医院也进入了自由化市场，服务患者的口号也会真正落到实处。

3. 出版行业

电子书的出现确实是让出版行业跌到了谷底。但这个产业并不会完全消亡，只要改革就还有机会。

在未来的时间段，纸质书不会完全消失，一些经典名著、个性化设计还会拥有广泛的市场。但总体来说，由于互联网的介入，纸质书的数量较之以往还会大幅度削减。传统的图书出版商如果真正放稳了心态，想要进入互联网出版行业，就需要在营销策划上大有作为。随着电子书逐渐取代纸质书，正版书将会获得应有的尊重，盗版书将会逃离图书市场。由于电子书无须印刷，所以也会带来纸质书的价位走低。随着广告出版行业的变革，电子书作为新型的读物走进了大众的视野，一种新的盈利模式将会出现，但是这种模式现今没有被挖掘出来，一股强大的诱惑力正在向我们招手。

4. 酒店旅游业

很多人都有外出旅游或是租住酒店被宰的经历，所以酒店餐饮和旅游产业存在着很大的不透明性。之前发生在海南的一万元的天价午餐就是一个很好的例子。很多集团和单位都存在着利益上的纠葛，消费者想要通过正当的手段维护自己的合法权益变得难上加难。互联网出现后，许多隐藏在黑暗之处见不得人的东西，一下子暴露在阳光之下，无处藏身，这将有助于消费者的权益得到保障。

未来的酒店、旅游业将会出现这样的行情：

互联网可以通过强势手段，建立一套完备的问责制度。将来一定会有一个公众平台对这两个行业进行评头论足，使消费者所蒙受的不公正待遇得以大白天下，这两个行业所受的网络监督程度会超过政府的监督力度数倍。

在未来的发展道路中，旅游业和酒店业应一起利用互联网大数据，对消费者的日常喜好做出判断和定位。酒店可以针对消费者的平时爱好定制出独具特色的房间风格，甚至可以与消费者进行互动，比如在消费者预订完毕后，酒店马上对房间进行布置，可以在墙纸上贴一些消费者在旅游途中发布的微博消息，或者为旅途疲惫的情侣提供一瓶葡萄酒，等等。而旅游业则可以通过大数据为将要到来的客人提供他们最喜欢的本地特色食物，还可以根据大数据了解游客们喜欢出游的时间和地点，为他们专门打造独具特色的旅游项目。

可以预测未来酒店和旅游业会变得更加自律，而且通过互联网沉淀出的大数据，不断促使这两个行业变着花样创造新的路数，以不断吸引消费者的到来。

5. 通信业

传统的通信行业被互联网颠覆是理所当然的事，不足为奇。以往的通信业都是服务后毫不客气地就伸手要钱，寄信、打电话都是这个步骤。而互联网的出现，完全不会在乎这些行业规则，互联网只在乎人与人之间的关系是否密切，而你与任何人联系都不会计入成本。

未来的通信业可能不会再需要我们目前采用的数字电话号码，将来的通信天地很可能被 Wi-Fi 所霸占。电话、短信将会作为我们的记忆被封存，就像当年的电报一样；电话号码和手机号码除了出现在历史课本中，将别无他用。

将来的手机真的不再是什么3G、4G、5G了，所有的功能问题统统靠Wi-Fi来解决，那时的Wi-Fi功能也会比现在的更强大，完全无缝对接，超强覆盖，Wi-Fi的影子将会无处不在。无线技术的运用，有线宽带又将面临着退出。

可以想象，那时的人们将进入一个完全的互联网时代，所有的东西都可以进行交流，而不仅仅是人与人之间的交流，人与物、物与物、物与人都可以进行交流。

6. 批发业

我国的商品批发存在着较大的地域性，温州、义乌这些都是小商品批发的集散地，正是这种地域性给传统的商品批发带来了层层阻碍。假如，北京的一个礼品店想要进购一批新货，就要千里迢迢跑到温州去进货，长途跋涉不仅耗费体力和金钱，而且还可能会遇到一定的风险，对卖方而言，也会存在一定的信任危机。

当阿里出现之后，所有的情况都出现了逆转，风险被降到了最低。即便在进货者眼里这些都是大事情，可是在阿里看来那都不算事！有了阿里这个靠谱的管家，店主不需要每次都长途跋涉去进货验货，对方只需邮过来一些样品就足够了，甚至连样品都不需要，通过网上看样品的图片就可以了。阿里还承担起了店主与商家的信任问责制度，即便两个人素未谋面，也能对对方产生信赖。

未来B2B将会引导批发业飞速发展，而随着时间的推移，买卖双方的信任关系也会被很好地建立起来。长此以往，那些靠中间代理赚取利润的批发商将会无钱可赚，转行显然已是摆在他们眼前的头等大事。

7. 电影行业

最近这两年，国内出现了很多票房过亿的电影。《泰囧》《致青春》《中国合伙人》《京城 81 号》等电影广受影迷的热赞，一个由互联网主导的影视狂欢时代正向我们逼近。任何的电影营销都不能脱离互联网牵绊，毫不客气地说，一部电影的好坏与互联网的宣传工作有着很大的关系。

互联网对电影的要求说白了和电视节目的原理一样，好的留下，不好的扔掉，优胜劣汰是自然的准绳，豆瓣电影和时光网是国内两个很不错的网站，它们专门对一些电影做实时评论，使消费者对每部影片的定位更加明确。互联网对电影的要求更加宽泛，只要是有新意、有创意的影视作品都可以拿过来播放，从不会定什么格调。

中国的电影行业在未来的发展当中，必须要做好定位，追求小众化。从如今的电影市场可以发现，它再也不是产业霸主们独享的美味了，只要你的作品符合大众，不管你是哪个电影学院毕业，或者民间草根，都可以搬上银幕一展风采。未来的电影趋势一定是小成本、高收入，因为在某位导演和某位演员身后，隐藏着无数的潜能巨大的粉丝团体，哪怕你只有一千个粉丝，他们也有足够的力量支撑起你的这部影视作品。

互联网就是一个新的温床，这个温床正召唤着人们前来寻宝。与其说它将改变哪些行业，不如说我们人类正在改变着自己，改变着生活方式和生产方式。

3

互联网，十年后的惊鸿一瞥

这个世界已经完全被互联网所占有，它裹挟着城市、乡村以及周边建筑一同前行。时代发展得太快了，不是我们不想停，是根本停不下来。而未来的十年，互联网会有怎样的发展与变化呢？

1. 互联网将实现全球化

国际电信联盟最新的统计结果显示，到 2014 年，全球的互联网用户已经达到了 20 亿人，联合国相关部门基于这个数字，预计在未来的 2020 年，全球互联网用户有望达到 50 亿人，而那时的全球总人口数预计是 75 亿，所以到了 2020 年将有更多的人群加入互联网的队伍中。

2. 互联网将变成物联网

专家预计，到了 2020 年，也就是未来的 6 年，互联网将不再是一个单纯的计算机网络，而会成为一个客观的设备网络，今天的互联网大约拥有的电脑主机台数是 5.75 亿。美国的一些科技部门正在尝试将数十亿个传感器连接到互联网上，这个技术一旦研发成功，就意味着更多的信息都会以实物的形式出现在互联网上面。假如将这些传感器连接到公交系统中，人们就可以实时了解公交车的路况信息，避免浪费等车的时间，人们可以坐在车站旁边的小店里，喝喝茶聊聊天，轻松地等待公交车的到来。

3. 互联网将实现网络的无线化

目前，我们所使用的网络系统大多是无线宽带网络，而且所使用的用户数量一直在激增，光是上半年的第二季度宽带用户就增加了2.57亿人，这表明如今我们所使用的3G、4G网络以及WIMIX使用率已经得到空前的增长。近年来的数据结果显示，亚洲地区的无线用户是最多的，而增长速度最快的还要数拉丁美洲。如今全球的无线网络用户已经突破了25亿大关，增长的势头依然强劲。

4. 互联网将实现轻应用

现今社会上许多人士为了健康，开始锻炼减肥，这种社会现象在互联网应用上也得到体现，将变得愈发的轻便，也就是它的性质越来越轻松，操作起来也越来越简单便捷。

这种便捷体现在我们生活的方方面面。我们所使用的智能手机和平板电脑都可以看作手持的移动终端，这些终端简洁易携带，无论你在哪里，都仿佛置身在一个信息储量巨大的图书馆。微博、微信这些新媒体的出现，更是加速了网络的进程，让我们的交流方式变得越来越轻便。此外，一些轻松快捷的小游戏也越来越有市场了，无论在地铁还是公交车上，只要有闲下来的时间，你就会打游戏轻松一下。一些软件也变得更轻了，我们只需在应用市场里下载自己需要的软件就可以了，再不用拷贝一些光盘和硬盘了，而且更加先进的云服务系统在线应用也很受大众青睐。

5. 社交网络将会达到巅峰

社交网络的出现，很大程度上拉近了人与人之间的距离，一种新的社会生态正在构成。Facebook 自 2004 年推出，已经发展到了第十一个年头，用户量已经超过了 8 亿，至今所应用的数据依然在持续增长，未出现下滑的迹象。在未来互联网的进一步发展中，类似于 Facebook、Twitter 这类的社交网络集群还会继续保持稳中求进的良好势头。将来的社交网络也会和搜索引擎联系起来，那时的搜索门户将会成为一个干劲儿十足、不知疲倦的操作员，假如用户有一些需求要通过社交网络来实现，它会及时地为用户安排行程，做出最合理的规划。

6. 互联网将迎来大数据时代

我们一直反复强调大数据的重要性，它真的有这么重要吗？的确，大数据确实是互联网时代不可或缺的左膀右臂。随着社交网络的日臻成熟，移动宽带技术的广泛应用，意味着云计算与一些移动传感设备会更多地应用到互联网上面，所产生的数据也会大大增多。互联网引发的数据流量大战即将展开，原因是我们的用户对网络的要求越来越高，高清、超清的画质才会更好地满足用户的视听体验。

7. 互联网云计算将会成为主流

云计算已经成为这个时代不可或缺的好帮手，移动应用在运行的过程中必须依靠云计算才能完整进行下去。在物联网中，云计算也是一个重要的角色，物联网所进行的管理服务和网络数据传输都需要云计算的参与。有位美国专家曾打趣说，如果云计算应用的好，全球只需要 5 台电脑就可以满足所有的日常生活需要，这绝对不是在危言耸听。

8. 社交本地移动将引领互联网

目前，许多社交网络和移动互联网业务异常受欢迎，社交的、本地的、移动的概念越来越趋向于平民化，因此未来的互联网发展方向也就更加明确。LBS 已经成为一条连接现实世界与网络虚拟世界的纽带，也就是说，社交本地移动将会成为未来互联网一个重要的发展趋势。

9. 互联网将会构建一个崭新的虚拟世界

将来的网络系统，可以为我们构建一个类似于地球的虚拟世界。在这个世界里，可以给你一部分的土地，至于怎么开发利用这片土地全由自己的喜好来定，网民可以构建自己的小世界，这个世界可以与任何人进行联系，而且这种联系不分地区和种族，从而最终使其形成一个庞大的虚拟世界。只要你住在地球村，我们就可以建立友谊，进行交流，也就是说，我们的生活将会实现完全的数字化、信息化。

未来十年，互联网技术一定会得到突飞猛进的发展，因为它拥有着一大批的追随者和孜孜不倦的研究者。我们深切地渴望生活能够变得更加快捷，更加美好，而这些美好的最终实现，需要靠大家共同努力来完成。

4

引领未来十年的十项互联网新技术

InfoWorld网站最近公布了一项专业报告，报告的内容是可能影响未来十年的互联网新技术。虽然一些人对这个报告的可信性存在质疑，但大多数人还是深切赞同其中某些观点的，也可以说，这份报告就代表了大多数人的观点。人们通过这份报告可以预想到，未来十年互联网技术的发展，给人们生活上带来的变化将不是一星半点，而是焕然一新和翻天覆地的。

1. html系列程序

随着互联网技术的发展，html的一些程序被更广泛地应用到了网页的设计与制作上来。它以完美的功能和功效被许多网站制作者所接受，它的一些新的元素和属性正在被深度地挖掘，应该说在未来的发展上，它还是很有前景的。例如，在导航条的设置上，我们可以尽可能多地考虑到搜索引擎的设计方式能不能更加人性化，为那些小屏幕用户和视障人士解决现实存在的不便。

2. 客户端的管理

我们大多数用户桌面上的客户端都是千篇一律，总结起来造成这一状况的原因主要包含两个方面：一个是服务器急需一个能够支撑桌面虚拟化的运行，另一个就是服务器与客户端之间不能实现很好的连接。

要想解决这两个问题，就需要一种客户端的管理程序来进行，人们只需把这个管理程序安装在你的电脑主机或是笔记本电脑里就可以了。一个虚拟机就可以成功地管理人们的操作系统、个人配置和应用程序了，而且运行起来也绝对安全，不会出现任何的系统漏洞。如果人们不小心下载了不安全软件，或是软件中存在恶意系统，客户端管理程序就会出来帮助人们自动解决这个问题，这时候人们也能体会到虚拟化管理所带来的巨大便捷。

3. 持续集成的构建

所谓的持续集成是团队开发人员进入工厂对员工的工作进行整理和总结，这种集成类似于软件的开发实践。通常情况下，每个员工每天都要对自己的工作至少集成一次，而真实的情况是这种集成每天至少要操作很多次。每次集成都需要自动化的构建才能顺利完成验证，这些构建包括自动化测试、翻译、发布等措施，这些措施能够飞快地完成集成当中所存在的错误，从而减少集成出现的问题，保证这个团队能够按质按量地完成内聚软件的开发。目前，这些持续集成的软件大约有 30 款，每一种软件都有自己固定的特点，国内外对这种软件大为赞赏。

4. 一个可供信赖的硬件芯片

为了保证应用程序的最大安全性，专家一致认为，所有的应用程序包括计算设备的信息都要被核实，只有这样才能把计算机当中潜在的风险降到最低。

计算机可信平台模块的可信计算组是第一个被普遍采用的硬件芯片系统，这一系统的采用确保了硬件和引导序列的安全性。目前，很多公司采用了这种先进技术，包括苹果和微软在内，从硬件上解决安全隐患。虽然在安全方面还不是最完美的，但是我们有信心会把硬件的保护工作做得越来越好。

5. 寻找 JavaScript 的替代品牌

说起世界最常用的执行代码语言，JavaScript 语言排在首位，这种地位的由来是基于它作为 Web 页面的基础而言的，而它本身所存在的优势也正在日益显露出来。但是，一些人士已经不再满足它现有功能，希望在这之上研发出一种新的代码。Google 最近就研究出来一种新结构的 Web 编程语言，他们把这个编程语言叫作“Dart”，研究团队说，这个新的编程语言较之 JavaScript 突破了许多以前程序中存在的局限性，因此他们完全有信心，在不久的将来 Dart 最终会取代 JavaScript。

6. 数据分散存储

对于数据的这种分散存储我们将它称作“分布式存储”。传统的网络存储方式为集中存储，就是把所有的数据都存放在一个服务器里面，这样一来，对存储服务器就等于埋下了定时炸弹，存储数量稍微偏多，就可能引发存储服务器的运行速度缓慢，造成系统瘫痪。而分布式网络存储系统就不存在这些问题，它采用的是可拓展的系统结构，即多台存储器进行分担这些存储，位置服务器会对这些存储信息进行定位，从而使系统的可靠性得到大大提高。

7. Hadoop

Hadoop 是由 Apache 基金会开发的一个新的基础架构，它依然根植于分布式系统当中。这个架构的最大优点就是用户可以在完全不明白分布式系统的情况之下，进行分布式系统的操作，并可以充分地利用集群进行高速的存储运算。Hadoop 完美创造了一个分布式文件程序系统，专家称之为 HDFS。

HDFS 绝对适合那些具有超大数据集的应用程序系统，并且能够对大量数据进行分布式的处理，而且这种处理高效可靠，所处理的空间也可以进行伸缩，应用自如。

8. 更高级的同步系统

苹果和微软两大互联网支柱产业虽然各自为营，拥有自己的战略部署，但是它们却不约而同地做着同一件事，那就是全力支持单用户的主张，做好云计算在设备和应用程序分布的这项活动。

如果这个活动做得成功，人们就可以享受到更加便利的生活服务。想一想我们所使用的智能手机，如果你想要同步你的资源和数据，不需要繁复的复制和粘贴的过程，只是利用网络就可以随时显现网络存储这种无缝对接。

这种瞬间秒杀对手的对接方式让你真正体会到与用户保持同步这一理念的实质。

9. 重新定义互联网

对于互联网的重新定义，业内人士看法很多，然而数据中心的网络发展缓慢这是一个不争的事实。虽然我们曾经从软件的抽象动态管理中获得过实惠，但是存储网络和服务器一直处在硬性绑定之中，几十年都是抵制的状态，这种现象已经成为发展云计算的主要障碍。

为此，专家研制出一个叫作 SDN 的网络编程，它可以促使独立软件开发商和云服务经营者之间形成一种新的网络联系。但是基于互联网在今后要朝着哪个方向发展，才能满足这个新的网络，又形成了一种言论。

这种言论主要催生了两个派别，一个是改良派，另一个是革命派。改良派认为，需要在原有的基础上增加一些协议和设施；而革命派则对原有的技术理论进行了全盘否定，坚持要推倒重来，为此，革命派专门推出了 OpenFlow 这一新型的网络交换系统，其真正的目的就是要对互联网进行一个新的定义。

10. 互联网云技术的私有制

云私有往往有很多的相关部件，这些部件是可以移动的，包括自动配置、虚拟化管理以及自我服务的供应等。这就是我们所看到的一些搞 IT 的人士，通过借助由公共云商专门提供的技术就能够把一些构架应用到自己的数据中心的原因了。

所谓的云业务流程的服务核心就是对虚拟机制的管理和对象的存储，还有就是图像的服务。

很多人认为技术应用型的“云操作系统”虚无缥缈。其实，这种大规模的虚拟化是真实可见的，只要你把网络融合在一起，集中你的资源，想要获得收益是轻而易举的事，可以说，这种方法为新的工作方法和手段提供了便捷之路。

5 互联网思维向未来十年的房地产转型宣战

谈到互联网思维对于传统企业的影响，最值得广泛关注的就是最近万科集团派企业高管们到互联网公司学习取经的新闻。万科作为中国房地产的老大，打个喷嚏都能引起山崩海啸，可这一次，它做出这样的举动到底为什么呢？

事情的详细经过是这样的，从 2013 年 10 月 31 日起，万科集团的总裁郁亮就带着自己的高管团队进行走访调研，而且所调研的企业大多是互联网企业，像阿里巴巴、腾讯、小米都被他们的这个团队调研过，这在地产领域绝对算一个新闻。

而更让人惊奇的猛料还在后面，正在人们对这件往事还没有忘记的时候，万科集团又抛出了一枚重型炸弹，惊爆四座。2014 年 2 月，万科集团彻底地放下自己的身段，邀请“90 后”网络营销达人马佳佳前往万科集团演讲授课。

那么，这些房地产商究竟是怎样理解互联网思维的呢？

正如海尔集团董事长张瑞敏所说的一样：“只有时代的企业，没有成功的企业。”万科集团已经深深意识到中国的房地产行业正在步入黄昏，持续多年的暴利终于到了收场的时候，在这种危急的时刻，企业的转型势在必行，而且是迫在眉睫。万科最为担心的就是在未来的互联网竞争当中，房地产行业当中突然出来一个类似“小米”这样的搅局者，那可真是“半路杀出个程咬金”。因为互联网的思维模式就是打碎旧的行业模式，甚至定义这一行业的新秩序。

而就在万科完成了对小米的考察后，小米立刻就在网上传出消息，着手进行“小米公寓”的建设投产。

这个举动给万科带来的恐慌，我们是不得而知的。而那些自以为很乐观的企业大佬们可不要嘲笑万科集团的“杞人忧天”，更不要视小米的举动为炒作，互联网思维绝对是一个摧枯拉朽的力量，它所带来的具有破坏性的商业变革是大势所趋，是这个时代无法逆转的！就像相关报道所说的那样：“互联网思维是提升社会效率，节约消费成本，压榨不当利润的先进商业模式。”所以，万科的着急，小米的骄傲，都是对这一理念的清醒认识和深刻判断。

虽然，万科已经认识到了这个严峻的问题，但是怎样迎接挑战还是一项重大的课题。在专业人士看来，无论是那些互联网大佬们到处兜售的“大力丸”，还是马佳佳小姐精心调配的“孟婆汤”，都只是一些障眼法，他们对互联网思维和房地产行业都还没有清晰深刻的认识，道行都不算深，万科的那些高管们所做的考察也未见起到相应的作用。

如果我们仅仅以方法、技术的层面来理解互联网思维未免太浅薄了，传统的房地产行业如果想要在未来十年成功转型，就要以“道”的层面深刻认识互联网思维的精髓。

这个“道”主要包括以下三个方面：

第一，只有理解互联网的本质，才能获得精神实质。

如果我们对互联网思维真正地感兴趣，就要耐下心来对互联网思维进行层层剥茧，一步一步地揭开它的神秘面纱。而最终我们会发现，互联网思维的精神内核来自伟大的苹果教父——乔布斯。互联网思维就要像苹果那样，紧贴时代的需求，最大限度地实现产品的人性化，用科技的思维、艺术家的气质，把产品的定位做到极致。这种极致就是为了实现艺术性和实用性的完美结合，并且能够跟上时代的步伐，能够让产品快速更新换代，不断升级，来随时满足用户的需求。而对于房地产行业而言，就是要在建房的过程中多为业主着想，向业主提供高端的物业服务，同时地产公司还要明白，业主们对居住条件最理想的愿望就是这个栖身场所要足够舒适美好。只有满足了业主的这个愿望，房地产行业才能走下神坛，实现产业的创新和服务的升级。

第二，房地产开发商要实现两个转变。

从房地产行业的性质而言，地产开发商要做的绝对不是盖房子这么简单的事。开发商想让自己的产业在同行业领域有着强劲的竞争力，就得需要不断提高社区服务水平和不动产的管理能力。既然服务的对象是人，就得想办法让这些业主满意；所管理的是物，就得让物业增值保值。如果想要实现这两个层面的转变，房地产开发商就得先实现两个转变。

一是自身角色的转变。这时的房地产商绝对不只是一个生意人，而是产品人。以前，房地产开发商一直认为只要把房子卖出去就算成功了，所以只单方面注意营销，让客户不得不认为他们在做广告、变相的炒作。而在互联网时代，生意人的这种惯性思维一定要改变，要想赢得一片天地必须把自己的产业定位在优质的产品之上。所以房地产开发商一定要建好自己的房子，而且好的产品又不一定局限在新房子上，优秀的物业管理创新、高级别的社区服务、前卫的旧居改造方案，这些都是产品人所要深切考虑的问题。

二是营销模式的转变。必须要靠全方位的服务实现地产利润的增值，要把以前单方面挤压成本的商业恶习彻底去除干净。在互联网时代，消费者的维权意识已经觉醒，以往由商家做主导市场的现象已经不复存在。可以说，那些靠着粉丝经济存活的商家，其实并不是自身的实力有多么强，而是他们能把自己的姿态放得足够得低。所以，地产商家，也应积极地转换自身角色，将更多的精力投入为业主的服务当中，只要你的业主能够满意，你就可以赚到钱。

三是认识自己的资源优势，寻找正确突破口。隔行如隔山，每个行业在实现互联网思维的改造过程中，都会受到行业特点的束缚，成长基因和行业趋势也会使其深受影响。未来房地产行业的5～10年，将会面临三大商业群体的挑战：（1）城市升级，服务设施和公共空间必须换代升级；（2）老龄化时代来临，养老地产商机无限；（3）“90后”开始步入社会，新的居住消费需求即将呈现。

面对未来的挑战，地产行业已到了需要改变思维模式的时候。

6 屏幕、分享、注意力、流：未来十年互联网大趋势

凯文·凯利是《连线》杂志资深游侠，他在腾讯智慧峰会上，用四个词语高度概括了未来十年的互联网发展趋势：屏幕、分享、注意力、流。这四个关键词的指向就是未来十年我们即将经历的互联网生活画面。

1. 屏幕

如今的人类社会，屏幕的身影随处可见。就拿我们自己的家来说，至少有 3 个屏幕在我们的身边晃动，电视屏幕、电脑屏幕、手机屏幕。而大屏幕，在大街上也随处可见。所以说，我们正生活在“屏幕”这个有机体周围。

那么，人类怎样实现与屏幕的交互呢？在 PC 时代，我们通过键盘和鼠标的操作，最终完成人与机器的交流，而在现今的智能时代，只要你通过触摸和语言就能实现人与屏幕的交互，非常简单快捷。在未来，是不是通过肢体语言就能够完成这些交互呢？想要实现这种愿望，就需要我们不断打破传统，确立更加新颖、更加前卫的思想理念。

凯文·凯利先生还特别以三星的 Galaxy S 4 为例，来证明他对未来屏幕的想象空间，“在未来的发展过程当中，屏幕不仅仅能够捕捉到你眼睛的情感，包括你对什么东西喜欢，你是否存在着某些不明白，或是你正在对什么用心思考，这个屏幕都能够第一时间做出反应，让你的沟通变成双向，或者是多向。”

在不久的将来，这种画面将不再是电影镜头中的桥段，而是现实生活中确实存在的。

2. 分享

凯文·凯利先生预言，如果分享真正地能够解放出来，将会推动一场媒体之间的革命。这个革命就是在互联网的作用下，所有的东西都会传到云端，从而出现一种新媒体和一组大数据。云和大数据就是新媒体中最重要的元素。

而这所有的一切，都来源于一个途径——分享。今天你分享一个音乐，明天他分享一组图片，就是这些简单的分享，把所有的数据堆叠在一起，促成了新媒体的出现。

在未来的十年或者是二十年，人们所分享的内容一定会大大超出如今所拥有的数据，分享过程中所发生的趣事也会比现在有意思得多，这就是分享的一个过程，从拥有到收获再到转变。而对于用户而言，只要能够购买和获得，这一切就都万事大吉了。我们可以预想，未来的亚马逊可以提供一切的数字书籍，只有你想不到的，而没有亚马逊做不到的，只要你交够钱，你就可以随时随地阅读这些数字书籍。

当然，随着分享的增长，一些个人隐私方面的保护就成了人们不得不考虑的问题了，而这个问题也会随着互联网的普及慢慢解决。

3. 注意力

凯文·凯利先生说，我们对注意力的解放远远没有达到预想的效果，主打注意力的时代已经到来。影响力靠左，注意力偏右，这是一个双向互动的过程，注意力和影响力不可或缺。可以说你把注意力放在了哪，你的钱就赚到哪。5 年前，我们把大多数的注意力都放在了网上，所以大多数钱都是在网络上赚取的。以前，价格昂贵的电视机如今已经变得很便宜了，因为媒体的获得对于人们来说已经不再是个难题。获取注意力不会花掉我们一分钱，而注意力恰巧就主导着这个时代。

4. 流

从计算机诞生的那天开始，流的概念就已经出现了。十几年前，PC 刚刚出现在我国时，流是以桌面 + 文件夹形式运行的，进入了 Web 1.0 时代，超链接被大多数人所惯用，这些形式为我们掌握信息的脉络和逻辑提供了重要的帮助。

但是，凯文·凯利先生说如今的流已经发展到了第三个阶段，那就是云计算，这个流要通过云层之间的流动来实现。

凯文·凯利先生解释道，不同的信息流、广告流，还是一些重要的新闻资讯和头版头条都会通过云端交织在一起，无论是从 PC 到云端，还是从云端到 PC，所有的信息都是最实时的，而且会全天候、不分时段地提供给你。

如果，这些理论真的变成了实践，从而走进了我们的生活，我们要怎样应对这些问题呢？

凯文·凯利先生用时下最流行的 iPhone 和智能眼镜两个产品

打了比方，假设我们在自己的手腕上安装了一个电子产品，用来记录我们走路的里程，或是导航定位，那么所有的这些举动我们都可以通过智能机器进行跟踪，然后这些数据可以在 iPhone 或者智能眼镜的屏幕上显示出来，再借助这些流动的“流”在云端上保存起来，而且可以随时查看。这样，我们人体的生命图表就会慢慢地被建立起来。

所以，在凯文·凯利先生眼里，人类的生命也如同一个流，它是一个不断流动的过程，生命也会变成数字，而且是随时随地在线。

Chapter 5

产品思维：

互联网时代人人都是产品设计师

任何产品的设计研发都离不开设计师的头脑风暴。可是自从进入了互联网时代，有了互联网思维，仿佛就在一夜之间，所有的操作瞬间变得简单容易了许多。人人都做产品设计师的梦想并不是很遥远。

在以前的传统制造业，封闭式生产是众多产业的行业惯例，生产商完全决定着产品的走向，生产与消费存在着严重的割裂现象。以往的广告投放方式和生产方式都是大批量进行的，市场的主动权攥在经营者手中，产品的性能、功用只能是生产厂家说了算，消费者不能作为市场的主宰。即便是消费者对产品不满意，也只是空抱怨一场，没有实际的反馈效果。

然而在互联网时代，这种现象将会彻底地改变，顾客会全程参与到产品的制造行列当中，用户有权利决策自己想要的任何产品。从这个层面来讲，生产者与消费者之间的界定关系将会变得越来越模糊，一种新的行业惯例将逐渐被确立起来。

移动互联网时代可以说是一种全新的部落时代，在这个广阔的环境里，想要实现个性化完全是有可能的。只要用户想的到，任何一款定制将会按照既定的思维模式展开，人人都可以是产品的设计师，人人都能够胜任产品的制造者身份，人人都在决策着互联网部落的未来。这就是互联网思维的游戏规则。

1 互联网思维的新型产品观

有人说，在互联网时代，算命的不叫算命的，改叫分析大师了；八卦小报听起来不再让人讨厌了，改叫自媒体了；统计学改叫大数据了；从前的大忽悠改叫互联网思维了。这些俏皮的说法确实隐藏着一些深刻的道理，我们如今了解的互联网企业如腾讯、阿里巴巴等，确实与传统企业有着很大差别，这些在差距之间游走的难以感知的东西就是互联网思维。

成功解答互联网思维的最好案例就是雕爷牛腩。这是被人传得神乎其神的企业，也是互联网思维界的“精神领袖”，被人誉为“互联网思维的四大天王”，其余那三个是卖煎饼的黄太吉，卖情趣用品的郭佳佳，还有卖玫瑰花的roseonly。

雕爷牛腩的老板孟醒原来是做阿芙精油的，在餐饮行业弄潮是第一次，之前没有任何经验。孟醒能够在变化无常的餐饮企业站稳脚跟，并且分得一杯羹，是件很不简单的事。在经营雕爷牛腩方面，孟醒有着自己的营销策略。

首先，花重金买下香港著名厨师戴龙的牛腩秘方，开业前进行半年的封测，邀请各路明星大腕、微博达人进行免费试吃，光这一项就花费了 1000 万元。

其次，雕爷牛腩在细节上也花了不少心思：盛放面汤的碗是经过专门的设计，并且申请了国家专利，其碗体上方厚重，端起来有较好的手感，碗口处薄而且光滑，方便客人喝汤；每双筷子都是上等木材特别定制，用完以后可以和牙签放在一起，装在纸套里带走；每个月都会更新菜单的内容，如果顾客认为这道菜不好吃，有待改良，那么这道菜立刻会在雕爷牛腩的菜品单里消失。

最后，店里的老板每天都在关注大众通过微博、微信对雕爷牛腩做出的点评。如果发现有的顾客对菜品和服务不满意，会立刻做出回馈。此外，雕爷牛腩的最大特点是通过制造话题引发消费者的关注：韩寒带老婆到店里吃饭，会因为没有提前预约而被服务人员婉拒；12 岁以下的儿童不得进入；最让人称奇的就是邀请苍井空到店里被微博大号偶遇的消息，一经微博发出就被大量粉丝疯狂转载传播。

如今，雕爷牛腩在北京有两家店，获得 VC 投资 6000 万元，目前所拥有的市值已经超过 4 亿元人民币。

其实，隐藏在雕爷牛腩身后的品牌策略就是互联网思维的产品观。

2 互联网思维下的产品研发

身为京东CMO的蓝烨正在与他的团队、企业高管们谈论着同样的一个问题：对于“互联网思维”这个专有概念，已经谈了这么久，到底什么是互联网思维，谁能够给我一个准确的回答?

的确，互联网思维真的是一个让人解释不清的问题，说它是方法论，又没有向我们交代它能够解决哪些行业问题；说它不是方法论，可是在互联网时代，又需要它有一些无形的理论为人们提供参考。可以说，对于互联网思维所阐述的概念，很多人莫衷一是。

京东正在更多地寻求转型的机会，要重塑自己的价值观和方法论，毕竟它已经不再是一家单纯的电子商务网站。而它所有的合作伙伴几乎都还停留在传统的产业里，每一家都在经受着互联网思维的沉重打击，这时的京东也正需要拥有一套具有实战意义的互联网思维的方法论。

实现这一方法论最大的难点就是，互联网思维可以从太多的角度去考虑，如果真真切切地将这一方法论落实到实际工作中又该如何进行具体操作呢？这是大多数行业普遍关心的问题。

蓝烨说："在我们的价值层面，一致认为互联网思维不应该仅仅简单地停留在思想意识层面，而是要将这种思维衍化成一套完全依靠大数据技术，并且能够改造企业内部的价值环节的具体措施和操作方法，从而带动公司企业在生产销售、产品升级、供销渠道、增加客户黏性上带来积极的影响。实际上，在互联网思维的大环境下，我们每个人都应该具体地考虑这些问题。"

在这个思维方式下，京东的产业链条被放在了一个更大空间内，摆脱了以往纯粹做电子商务的传统模式，而是采用了管理学的一些概念，进行新一轮的思维整合。他们重塑企业内部的增值价值链条，将这个链条发展成为产品研发、销售推广、产品营销、供应支付、售后服务五个环节，力求改变企业的面貌，营造一片新景象。

"每当我们谈到如何才能让互联网思维落到实处，一些企业部门总会下意识地把这个环节放在产品营销上，他们七嘴八舌地说要通过这个环节与电商进行合作，通过线上销售实现合作的目的。其实不然，在每个价值链背后，互联网思维都在充当着革命者的角色，这种力量敢于变换各个链条的传统观念。"蓝烨说，"在互联网思维下的这场战役，需要用以往不同的观念来进行，从而促进企业从头到尾地向互联网的方向转型和发展，这种发展是全面的，全方位的。"

在新的形势下，传统的"产品研发"的概念将会彻底改变，它已经不再是对单纯的生产出来的现实产品进行研发的原始阶段，而是对产业营销、营销数据、用户、售后服务等全方面的产品研发。近些年，很多从事传统制造业的企业都推出了自己的互联网品牌，或者通过跨界合作的方式搞互联网产品的开发，但是真正在这个领域实现自身价值的，可谓凤毛麟角。至于企业思维怎样带动产品的研发，这就要求企业在进行产品研发的过程中必须严格地要求企业思维从传统的“硬件工程师”向“互联网经理”的方向彻底转变。

实现这个过程是极其困难的，如果在这个过程中，不去改变人才的结构、产品的定义方向和研发流程而盲目进行操控，那么所做的任何工作都将是无用功，一切只会原地踏步，甚至产生倒退。

传统企业在进行产品研发的过程中还要增加许多新的角色，比如从事软件研发的工程师、ued设计师这些年轻的骨干，因为他们的先进设计理念能够代表这个时代的发展需求。在以往的传统企业，大多集结的是大批的硬件工程师，比如系统工程师、结构工程师和工业设计师。而现在，互联网企业急需的是精通“互联网产品开发和应用”的这种高级人才来带动整个产品的研发体系，所以这种人才的培养也就变得尤为重要。“唯有这样，才能够实现互联网思维的根本转变，在注重交互体验的同时，研发出适合网络消费群体需要的互联网产品。”蓝烨说。

除此之外，对产品研发流程的改造也十分重要、势在必行。以往，传统企业在进行产品研发的时候也重视对客户的调查研究，他们通过邀请部分客户进行访谈，或是通过客户研究实验室去观察抽样，然后做出具体分析。但是在互联网时代，大可省略这些不必要的麻烦，如果想要洞察客户的需求，只需要利用大数据建立智能分析模型就全部搞定了，从而省去了许多不必要的环节。

“只要我们通过互联网的搜索、浏览、问询、支付、评价等业务产生的数据进行全面的掌握，就能清楚地了解顾客在最近时段内喜欢什么、需要什么，从而研发适合大众的新产品。”蓝烨还说：“通过这种方式进行转变之后，在注重软硬件结合兼顾用户体验设计思路的同时，更多是带来用户对个性、丰富、极致的深刻体验，我们完全从用户的角度出发，把产品研发和用户体验结合起来，以便在同行业的竞争中占有先机。”

在产品研发的同时，京东开始展开多渠道营销模式。在蓝烨的眼里，多渠道经营已经是营销市场不可逆转的趋势。为此，蓝烨要求一些传统企业和营销商们，在一、二、三线城市注重电子商务平台的把控，而在四、五、六线城市的区域市场，主要精力还是要放在品牌店的销售上。

之所以会提出这样的要求，是因为在我国的一、二、三线城市里，消费集群主要集结在新成长起来的“80 后”“90 后”上，他们是在电脑和网络的发展中成长起来的一代，他们很愿意接受网络本身所具有的便捷功效，习惯通过网络来完成一些日常用品的购买，因而，电子商务会成为这些中心城市的主要业态。而散落在四、五、六线这些区域的消费群体，网购概念还没有完全形成，因此，依托传统模式的销售渠道还要继续留存和发展下去。

京东产品研发的最优秀案例就是在行业内率先完成了产业下沉。在第一轮的产业下沉中京东选择了便利连锁店，除了在发达的北上广，在我国的东西南北各选了黑龙江的哈尔滨、新疆的乌鲁木齐、广西的南宁和内蒙古的呼和浩特的一家便利店进行互联网思维的营销。京东甚至希望在未来的几年里，加入像连锁超市、建材市场、面包店等类似的中小行业企业。正是通过这些手段，京东把那些电子商务欠发达的地区，引到了发达的社区服务中来。

这些小的社区型的力量不容小觑，这些看似微小的合作伙伴在增加店面体验式的销售上充当着主力军的角色，比如在送餐、快递和试衣服上，这些小而微的增值服务，正慢慢发展成行业的亮点。因为在这些服务中，增强了用户内心的体验感、愉悦感和尊享感，从而避免了在价格竞争中出现的不良现象，对提高单店的盈利和持续发展产生了好的影响。

蓝烨说："我们在关注售后时，一定要通过数据来掌握用户的需求，互联网思维同样能够帮助传统企业实现对产品的研发。"通过电子商务的平台，针对用户的属性、兴趣爱好、购买实力、行为特征等消费特征，为用户做一个个人档案，通过完成对这一数据的整理，企业就可以及时发现用户的需求，再不时地提供一些主动服务，向用户提供充满惊喜的消费体验。

"这一套新产品体系的研发已经不再是京东自己的事情了，它正在飞速地影响着其他产业链条，在很多的公开场合，我都会向一些合作伙伴建议，不管你愿不愿意，都要加入互联网这个大集体，传统企业尤为重要，这一点是显而易见的。"

蓝烨还说："如今京东的价值已经超过了以往的销售价值，我希望在更多的环节上推动合作伙伴的转型，并愿意提供资金和技术的支持。我们的目标只有一个，那就是利用互联网思维进行京东的产品研发。"

3 互联网思维≠产品＋互联网

“互联网时代”是最近几年才被提出来的，一时间我们好像感觉生活在一个“高大上”的空间里；最近同样被炒得风生水起的概念是“互联网思维”，做代购的人把一些产品的图片发到朋友圈，就是在利用互联网思维卖化妆品；卖针织布匹的人建立一个微信群，就是在利用互联网思维卖布料；卖肉夹馍的小商贩选址做了一个调查，就是大数据分析，再运用互联网思维卖肉夹馍。在这个科技产业紧随生活的形态下，如果在你创业的时候不提一提“互联网思维”，似乎你在人群里就没有说话的资格。

那么，到底什么才是互联网思维呢？

很多时候，即便是经济学家、网络工程师也不能对此形象地给出一个准确答案。但是，有些专家们却常常说某某企业如何利用互联网思维成功转型，一年净赚十几亿元，他们的成功就是运用了互联网思维。对此，人们不禁会问，利用互联网思维转型的传统企业真的就那么神吗？把自己的产品放到网上售卖，这就是用互联网思维创业吗？

1. 黄太吉，互联网思维不仅是多了个轻应用

作为一家主打传统美食的专营店，黄太吉是第一个运用互联网思维做产品的传统行业。黄太吉在建外 SOHO 的店面是其第一家店，虽然只有 13 个座位，但这并不能避免黄太吉对顾客的强大吸引，每到饭点儿，顾客们排队的阵容可谓异常壮观，这在一定程度上说明了黄太吉生意的火爆。实事求是地讲，黄太吉确实是一家不错的传统行业，然而，它真的是在运用互联网思维经营这家餐饮企业吗？

互联网企业更多的是关注用户的体验，如果顾客到了黄太吉，会很顺畅地购买到需要的任何一种产品，而且情况允许的话，顾客可以坐下来细细品尝那种超级棒的滋味，这就是黄太吉带给顾客的超级体验。

有了这种超级体验，每位顾客情愿在店门外排起长长的队伍，也不愿意光顾其他家的生意。一位大众点评曾这样叙述自己的经历：无论顾客在门外排队的心情怎样，服务人员总会面带微笑，不紧不慢地向用餐人员提供服务，这从另一个方面提升了顾客的好奇心和购买欲望，因此的排长队的情况对于黄太吉的生意没有造成任何不好的影响，销售业绩不减反增。有的人猜想，也许是黄太吉做的东西，特别是以煎饼为特色的主打产品做得太地道了吧！对于这种猜想，我们也只能默认，因为黄太吉的产品实力是没有任何可以质疑的地方，绝对的货真价实，童叟无欺。

也许，黄太吉自己也意识到了排队这个问题，觉得自己造成

的拥堵现象不够互联网，不够超现代。为此，黄太吉在百度轻应用做了一个自己的轻应用平台，当用户打开这个轻应用时，就会发现这是一个关于黄太吉的广告展示，里面包含了黄太吉全部的信息和所有的经营产品。这个轻应用绝对是消费者玩转黄太吉的制胜法宝，至少给消费者带来了更多的好处，即想要黄太吉的任意一种服务，只要拨打外卖电话，无论消费者身在何方，都能享受到黄太吉最贴心的服务。在这个轻应用里，最有价值的就是这个电话号码，因为它连接着无数黄太吉追随者的内心。

另外，黄太吉的微博推广在所有行业中也算是数一数二的，只要消费者关注这个微博，就会惊喜地发现，微博里的好多内容都是与粉丝进行的互动，通过微博与粉丝进行实实在在的交流互动，在其他行业里还不多见，黄太吉绝对称得上屈指可数。

2. 罗记月饼，没看清长相就卖完了

最近，大家都在讨论那个卖月饼的“罗胖子”。他真实的名字叫罗振宇，开始是做影视的，2008 年拍摄了电视系列片《激荡》，罗振宇几乎捧回了当时电视系列片的所有年度奖项。他是一个极其幽默的人，就算是开会也要在场的每个人大笑不止，有的人说，长期跟罗振宇在一起，会把你的嘴笑歪。

也就是在前年的时候，罗振宇决定搞一些自媒体玩玩，自此一发不可收拾，越玩越嗨，越嗨越上瘾，这一回他准备玩一个大的。我们每年都过中秋，而每年的中秋节无非就是吃吃月饼，赏赏月，每当中秋节来临的时候，亲朋好友都要送月饼，有的人发愁不知道往哪送，有的人好心好意把月饼送出去了，却被人扔在一边，不闻不问，看都不看一眼，更何况去吃了。罗振宇想，为什么我们不推出一款“逻辑思维月饼”，想送月饼的在网上发出个信号，或是打个招呼，对于那些想要月饼的直接伸出手来要就可以了。果真，在短时间内，大家还没有真正地看到“罗氏月饼”的真面目就已经开始抢订，没有人在价格上进行讨价还价，完全是轻松地购买，爽快地成交。

3. 极路由，绝对不是照搬小米

路由器进入我们的生活已经有几年的光景了，虽然路由器功能的实现需要互联网，但是没有人把它当作互联网产品，在人们的意识里它只是用来上网的工具。我们大多数用户在买来路由器并设置完毕后，只要不出现问题，三年五载都不会去碰它，但是这次极路由要改变这一现状，做一些尝试性的突破。

在新品发布会上，极路由的 CEO 王楚云用将近半小时的时间来解释为什么说极路由是一家利用互联网思维做产品的企业。大概有以下几点原因：(1) 卖工程机，测试公开，品质完善；(2) 通过互联网，开展网络营销；(3) 产品更新换代速度快。

作为一家发展势头迅猛的国内企业，极路由与传统的产业相比，确实与互联网存在着较大的联系，但一些方面还存在着矫枉过正的因素。而快速进行产品的更新换代，这正是互联网思维最为需要的，也是互联网企业最迫切进行推广与应用的，不得不说速度是互联网思维发展的最高指标。

也有一些行业说极路由的发展模式像小米，新产品发布的方式和小米差不多。比如极路由在发布新产品极 2 的同时，也发布了极 1s，这个消息当在现场被公布的时候，迎来了所有嘉宾的哄堂大笑，很多人都认为极路由是在作秀，在模仿小米的行业理念。

但是，王楚云并不这样认为，小米的新品升级，在价位上往往要多出好几百元，甚至几千元，而极路由的新品研发出来，投向市场只需要附加几十元就可以了。对于用户而言，肯定愿意用极少的付出得到更高性能的新产品，这个条件足以吸引广大用户更多的目光。

所以，极路由并不是对小米进行原封不动的照搬、照抄。

通过以上三个故事我们可以发现，其实真正的互联网思维并不是我们所理解的那样简单，不是单纯地利用网络进行产品的售卖就构成了互联网思维，从中我们可以总结出以下观点：

（1）所谓的互联网思维，不是要显示你多么的有情怀，而是要让用户觉得你有情怀。

（2）即便你拥有再多的“粉丝”，也不如向用户提供最完美的服务重要。

（3）每一种产品都可能是互联网思维，从煎饼到极路由，不存在传统与科技之分。

（4）C 到 B 是互联网思维，而 B 到 C 大多不是。

（5）自始至终互联网思维都在不断地进化当中，五年前你在网上卖衣服是互联网思维，而今不是；三年前你在网上搞商业噱头是互联网思维，现在也不是。

到底什么是互联网思维，谁都不能拿出一个确切的概念来，与互联网思维相关的概念在各类门户网站上可以查出一箩筐。在中国，第一个提出互联网思维概念的人是百度的李彦宏，可是他说，对于这个词汇是无法定义的，也就是说，连“互联网思维”

口号的提出人都没有办法用确切的术语来定义这个词汇，对于我们普通人而言，想要彻底地搞明白这个词汇是多么的困难。但是，对“互联网思维≠产品+互联网”这一概念我们是极度赞同的。

4 用互联网思维创新产品及服务

如今的网络经济给各行各业都带来了不小的冲击，特别是传统制造行业。越来越多的企业在探寻如何利用互联网的强大优势来创造适合自己的商业模式。作为传统企业的耀阳丝绸在夕阳产业中成功地完成了自我拯救，利用互联网思维突出了重围，从而获得了“中国制造之美”的荣誉称号。

中国是丝绸的故乡，早在两千多年前的西汉，勤劳善良的中国人民就沿着古丝绸之路将华夏的灿烂文明传播到亚欧各国，那时的丝织品在价格上可以与黄金媲美，可以说中国的丝绸文化对中华民族的民族精神、高尚品格、文化传播和对外交往都有着深远的影响。面对如此辉煌的文明成果，后世子孙对于现今的丝绸产业的发展深感愧疚，更令人痛心的是，当今世界市场上没有中国丝绸产业的半点立足空间。杭州耀阳丝绸有限公司的总经理金曼在面对《中国经营报》的记者采访时，曾对中国丝绸产业的现状做过如下回答：“中国丝绸产业在国际丝绸产业中扮演的角色是供应原材料和产品的初加工，而今我们需要的是能够打造出属于中国自己的独家品牌，并且能够通过电子商务的平台，用互联网思维打通全球的丝绸产业市场。”

传统的茧丝绸是一个庞大系统的链产业，从栽桑、采桑、养蚕、剥茧、缫丝，到最后的丝绸制品和蚕丝深加工，每个链条都环环相扣，互相依存，如果哪个链条出现问题，都可能产生难以估量的后果。

耀阳丝绸的总经理金曼告诉记者，丝绸产业属于劳动密集型产业，需要大批的劳动力参与丝绸的制作与生产。随着国家重视农业，“三农”政策逐渐落到实处，许多农产品的价格大幅上涨，农民的收入得到了显著提升，在这个大环境下，蚕丝的原料成本也跟着上涨，“从2008年开始，蚕丝的原材料成本就开始出现了不同程度的价格浮动，当时蚕丝原材料的价格是16万~18万元/吨，到如今，也就是2014年，原材料的价格已经是40万~42万元/吨，短短的6年时间，普通的原材料价格就翻了近3倍，更不用说在人力和工艺上所投入的成本。”金曼说。

类似于耀阳丝绸的这种丝绸产业公司，主要从事丝绸的后端生产及加工，在前端的生产制造中随着人工的成本逐渐叠加，让后端的加工制造承担着巨大的成本压力。“早年的印染行业流行着这样一个说法，哪怕只是在简单地印花，你都是在用钱作原料，如今印染行业已经到了山穷水尽，举步维艰的时段了。”金曼表示，在2008年前，中国人对丝绸行业并不关注。随着奥运会在北京举行，好多外国人在中国大批量购买丝绸产品，甚至前美国总统老布什都陪同妻子在绸布店购买丝绸制品，这种现象无不刺激着中国丝绸产业的神经。由于丝绸消费的日渐兴起，让越来越多的人看到了这里面存在着的高额利润空间，从而相继加入，从事丝绸制品的生产和销售，更加剧了丝绸产业之间的竞争。

在这种环境下，再加上原料和人工成本的压力，致使依靠外贸产业发家的耀阳公司每年的国外市场业绩都在以 20% ~30% 的速度下滑。但是，在国内市场，金曼发现了一个良好的势头，随着我国经济平稳较快的增长，人民的生活水平也在日渐提高，而国内的丝绸产品的消费也以每年 50% ~60% 的增速迅猛增长。

金曼认为，在国际金融危机的阴影笼罩下，国外消费群体的收入水平逐渐下滑，开始寻找其他工艺材料代替丝绸织物的产品，真丝的消费逐渐减少。但是，中国的消费水平正在显著提高，国人对丝织品的认识开始觉醒，因而增加了真丝产品的消费。

另外，还有一个问题是我们不得不认同的，那就是随着国家推进环境改善的强大力度，人们认识到环境保护的重要性，使得节能减排不只是一个空泛的口号，而是真正地落实到了行动之上。因此，印染行业面临的最大突出问题就是污染的问题，整个产业面临着升级再造。

除此之外，传统的丝绸生产，对工艺有着较高的要求，生产技术水平没有十几年二十几年的积累是没有办法达到的。而丝绸生产车间的环境十分恶劣，到了夏天车间的温度会超过 60 摄氏度，所以年轻人没有愿意挑战和从事这门行业的，因而造成了目前丝绸行业产业工人的年龄都在四十岁上下。对此金曼对未来的丝绸产业的发展前途很担忧，她说："估计在未来的十几年这个行业就会很难发展下去了，技术人员的断代问题亟待解决。"

"丝绸产业正在穷途末路的境遇上苦苦挣扎，面对着夕阳的余晖，许多人都在尝试着改善这个产业的境况，有的企业试图通过数码喷印来完成机器换人的革新，耀阳公司也在技术领域苦苦钻研，他们尝试着能够通过机器代替的人工环节实现完全的机械生产，结果无数次的尝试没有取得过一次成功。丝绸产业原本就不是单纯依靠工业技术就能够完成的特殊产业，这么多年来我们一直尝试、突破，可是还是没能够改变它以劳动密集型为特征的生产模式。”金曼表示很无奈，“正规的从事丝绸生产的企业，就拿印花而言，我们所用的工序都是通过人工用刮刀一刀一刀的刮上去的，一版版的印出来，整套工艺下来，耗费特别大的工作量。面对这方面的困难，意大利的一些企业也在谋求出路，希望用机器代替这套工艺，但是很难实现。”

不仅如此，在上游的操作环节，劳动力方面仍旧是一个令人头疼的事，养蚕业已经地道的成为了“夕阳产业”。有关报道显示，如今很多地方从事养蚕的人员，年龄基本在50～70岁之间，这些老人在艰难地充当着上游生产的劳动力，年轻人大多出去务工，不愿意从事这个起早贪黑又赚不来几个钱的繁重工作，年轻的后续力量能够接班继续养蚕的可能性几乎为零。

面对着中国丝绸产业将要面临的灭顶之灾，江苏省丝绸协会常务副秘书长罗永平惋惜地感慨道：“江浙是中国丝绸生产的代表，可是现在从事养蚕的都是一些老人，都说青黄不接，我看根本接不上了，许多从事缫丝的企业也都倒闭了，从事设计研究的专业人才由于行业的不景气，也都纷纷转行选择了其他的行业。如果再不想出具体的措施来解决这些棘手问题，这个行业的生命力在本世纪，或者不到中叶就会彻底地淡出人们的记忆。”

严峻的形势下，耀阳公司积极寻找着复活的商机，在参考了国内成功互联网企业的成功经验之后，耀阳公司制定了自己的发展新策略：反流程性突围。

金曼介绍，国外的电商团队是通过阿里巴巴、中国制造网来实现自身价值的，而作为国内传统企业，耀阳公司要重磅打造自己的电商团队，自己设计产品，完成前期库存的储备工作。

金曼进一步解释说，所谓的库存储备并不是大量的囤货，而是事先把自己的产品挂到网上去，吸引更多的客户进行团购。“原来的经营模式是，零售商通过找到批发商进货，批发商再找到我们下订单，在市场利润薄弱、盈利空间小的行业前景下，我们通过电商，让零售商跳过批发商，直接找到我们订货，这就减少了更多不必要的麻烦。”

“反流程性突围，说白了就是把之前的一些流程我们反过来做，以前都是我们接了订单再生产，而今我们会根据市场上流行的风格、主题，请专门的设计团队来进行产品的设计。如今的市面上十分热衷欧洲风格，我们就事先生产 30 款或者 50 款，比方一些商家只要 10 款，这也是没有任何问题的，因为我们有货真价实的产品做信誉，通过这些款式的销售，在电商平台一传十、十传百的传播，同样会获得大批量的订单。在销售的服务上，耀阳会通过产品销售反馈回来的用户信息来改变自己产品上的缺陷和不足。只要是客户提出的要求，只要合理，或者是耀阳确实存在的不足，都会认真做出改正。对于客户的退货，我们会没有任何理由的接受，基本上都是原价退回。我们的目标就是满足所有人的所有需求，我们不会让客户陷入被动。”

通过这种方式把企业搞活以后，金曼还与互联网公司合作成立了杭州多阳电子商务有限公司，金曼提供产品，对方提供技术，从而实现双重丰收。

同时，在针对自己的服务上，金曼最近在研究一个新的项目，通过手机的第三方应用程序APP，对广大爱美的人士在每天的穿衣和搭配上进行指导。“这个平台可以根据各地不同的气候，向用户提供穿衣的指数和指导，接下来我们会在一些大城市推广并应用，当然这个APP不具有销售的能力，只是为了增加客户的黏性，为以后的销售做准备、打基础。“

5 好产品才是关键

最近，最热的话题是“互联网思维”，许多人都在窃窃私语，对这个新鲜词汇充满了好奇，各大网站、报纸都在为互联网思维树碑立传，它真的就那么重要吗？有了这种思维，我们就可以对产品的其他一切说“不”了吗？下面，我们就通过一些成功的案例，分析一下在如今的互联网时代最重要的是什么。

在一次由腾讯牵头组织的沙龙上，云集了各路电商精英，各方豪杰齐聚一堂，其中有把煎饼果子（黄太吉）做到市场价值1亿元的赫畅、雕爷牛腩的创始人孟醒、泡否科技的创始人马佳佳，还有易到用车的创始人周航。

这场精英的盛宴迎来了无数好事者的观战。的确，凭借一套煎饼果子就可以卖到1亿元的市值，几块牛肉就可以做到店铺人满为患，“90后”美女凭借情趣用品发家，一个自己没有一台车却可以调动1万名司机的牛人，这样的商业论战，谁不愿意参加呢？

这次沙龙的主要议题是“什么是互联网思维”？可是，参加完沙龙后大多数人的反应都是一头雾水，对于什么是互联网思维似乎没有得到明确的回答，反而觉得他们所做的跟互联网思维简直是风马牛不相及。更多人认为，他们，只是在做跟自己有关的事情。

所以，我们未尝不可把这次沙龙看作产品分享会，他们几个人只不过是从自己的产品营销思路出发，从不同的角度讲述自己是如何玩转这个产业的。

1. 做产品要像讲故事，有真情实感

在周航的发言中，他阐述了这样一个观点：每个产品的背后，都有着一段刻骨铭心的故事，就像我们每个人的爱情。产品同爱情一样，一定是有情趣、情感和情致的。所以，你的产品一定要有故事，而且这个故事要真切感人，高潮的时候可以让读者哭，可以让读者笑，甚至一连几天的亢奋。

“90 后”的创业女神马佳佳就是一个超级会讲故事的人。

马佳佳只所以能够把情趣用品卖出了名堂，就是把卖产品当作一个讲故事的过程。她的故事与别人的故事有着很大区别。虽然经营情趣用品，故事的内容绝对不是一部低俗的 AV，而是充满着“屌丝”情节的黑色喜剧，郭佳佳甚至参与其中，完全陶醉在自黑的时空里不能自拔。

比如：“先生，你姓焦吗?” “男人不成公（功），就成（承）兽（受）!”

通过这些看上去语无伦次，有的人能明白、有的人糊涂的语言，人们就会自发地一步步去丰满故事的结构，增加了顾客对产品的期待和想象。

2. 做产品就等于做势

这个观念是黄太吉的 CEO 赫畅说的，怎么理解呢？就像佛家所讲的“色即是空，空即是色”，色指的是现象，空指的是本质，现象与本质之间可以互相转换，就像我们所学的哲学一样，是联系的、发展的、对立统一的。也像爱因斯坦的相对论，物质的能量等于质量再乘以光速的平方。所以，赫畅说，黄太吉在北京从原来的 20 平方米小店，如今发展到 5 家分店，靠的就是质量和速度，这就是做势。

直到今天，赫畅都要求黄太吉不增加任何的营销部门，就连市场和公关这些基本的部门都不予考虑。在他的思维模式里，黄太吉始终应该关注的是自己的产品本身和服务水平，其余一切的相关部门都是门面、装饰。在黄太吉这里，这些面子工程是不被需要的，因为华而不实，没有存在的价值。

赫畅说：“所有的生意人在做买卖的时候，一定要掌握好一个字——势。这个势可能来自你企业的内部，也有可能来自企业的外部，只要它来，你就得用！”

3. 向产品要社群，不要“粉丝”

现在横空杀出了一个新的词汇——“粉丝经济”。

最直接、最直观的解释“粉丝经济”，我们可以从电影《小时代》的连续播出找到答案。如果没有这些“粉丝”的疯狂呐喊，估计《小时代》不会连着出到第三部，甚至第四步都要和大家见面了。如此疯狂地受追捧，就是因为这些强大的“粉丝”团体。也就是说，“粉丝”引来的超高票房，或者“粉丝”带来的超级效应，就是“粉丝经济”。

但是，产品一定要拒绝“粉丝”的出现。正如赫畅所说的：“试想，当你被一个产品深切地称为‘粉丝’的时候，在这种带有依附性关系背后，你肯定会感觉到极大地不公平。”

那么，这就需要在你的产品周围出现一个能够平起平坐的互动平台，我们称之为“社群”。这个社群建立在对你的产品有共同认知、共同兴趣的基础上，这个群体能够把产品引向一个良性互动的渠道，而且每个人在里面都是平等关系，甚至产品的老板在其中都是普通的一员，而不是杀伐决断的决策者。

4. 把产品做到极致，做到完美

所有的产品摆在雕爷孟醒的面前，无论高低贵贱，都只有两种形态：一个是有限改进型产品，另一个是无限改进型产品。

“像有些产品，比如可口可乐，就属于有限改进型产品，因为经过多年的改造变样，许多东西都达到了极致，你就不需要再过多的进行改进了，前几年，可口可乐改进过一次，惨遭失败。而像手机、电脑、汽车这样的东西就有很大的改造空间，苹果手机已经更新到了第六代，每次更新都会有不同的感受，如果一直坚持下去，不断改革，在手机领域一定会带来革命性的巨变。”

雕爷还说：“既然，我们认同了改，那就要改到极致，不断地和产品较劲，其实也是一个享受的过程。在设计雕爷牛腩的碗的时候，我是这样想的，当面条放在你嘴边的时候，嘴唇接触到碗的感觉肯定是越薄越好，越光滑越好，而当你的手端起碗来，太光滑就会感觉没有安全感，所以碗的上边缘就做得很薄很光滑，碗的下边缘就做得很厚很粗糙。而且在碗的 8 时 20 分处开一个手槽，这样端起碗的时候，大拇指就会卡在小槽里，碗就不会掉下来，在1时20分的时候同样会开一个小方槽，以便保证在你喝汤的时候，筷子或者勺子不会掉到你的脸上，刚好把它们卡住。”

这就是雕爷孟醒，一个能把产品做到极致的人。

所以，通过梳理这些案例，我们不难发现，那些用互联网思维做产品的说法都是空洞的，好的产品与互联网思维无关。真正的王道，就是想好怎样把你的产品做好，做到专注，做到极致。

6 传统产品踏上互联网思维的新征程

互联网思维卷起的商业浪潮对传统产品的冲击越来越严重，许多传统产业陷入窘迫的境地，在巨大的精神压力下，寻找着新的方向。许多传统产业的企业家在不畏惧、不抗拒的态度下中慢慢地了解互联网，并开始新的尝试，寻找新的转机。于是大多数人并没有转行，依旧是重操旧业，只是这一次的思想模式要重新来过了，一个新的征程，新的篇章即将拉开帷幕。

运用互联网思维打造传统产业，而今已是大多数人最认同的产品营销理念，互联网思维火爆的关注程度和所带来的巨大成功每个人都欲罢不能。小米手机走俏市场，雷军的声名立刻传播开来，这个成功的营销案例就是对互联网思维强大功能最真实的再现。最近，广受关注的大象安全套也是在用互联网思维搞营销，其人性化的营销策略、切实独到的感触，受到了广大用户的一致认可。

在大象的营销理念里，用互联网思维打造传统产品的核心包含 3 个方面：产品特征的人性化、用户感知的口碑化、互联网的渠道化。针对这3个核心内容，大象安全套对自己的传统产品对症下药，引导企业向正规的方向迈进。

很多用户对传统产品的体验效果是很差的，他们所能体验的只是产品本身所具有的功用。可是，随着互联网时代的到来，用户对产品的体验化要求越来越高，而且越来越讲究。简而言之，就是用户在向产品要人性化，对人性、人文的要求越来越高。就像我们平时用的强力粘钩，表面上说很强力，但是用不了多长时间就失去了效果，很少有用户对强力粘钩带来的完美体验而点赞，但我们总是不情愿的、被动地继续用下去。因为还没有任何一个商家意识到用互联网思维打造一下这个产品，在性能和产品设计上进行一个大胆创新和突破。

针对国内的市场形势，传统产品的人性化还不够讲究，从而在一些商家稍稍有意识无意识地用互联网做一些小动作的时候，就能引来无数人的旁观，最终不计成本地购买，这种现象在国内消费市场是很常见的，并不稀奇。比如，杜蕾斯在互联网上开通销售渠道是先于任何一家安全套生产厂家的，它在互联网上搞销售的同时，还利用微信等用户体验平台搞一些特价销售，在互联网上通过有趣的微信、微博与用户进行沟通，从而完成对用户体验的调查。唯独稀缺的就是产品特征的人性化，这也是为何大象安全套重获新生的重要原因。

大象安全套一经推出就受到了强烈的关注，原因就在于其完美的包装设计。大象安全套从外包装到功能都进行了系统的优化，这些新的设计灵感来源于对产品特征的人性化，从而引发用户对产品的贪欲。其实，我们每个人自始至终都在追求着美好的产品，甚至让人觉得很好玩的设计理念。无论是小米或者是大象，对于产品的人性化，都是在价格的可买性上做好事先的铺垫。杜蕾斯在设计和好玩上就显得很薄弱，大象专注地做到了玩法上的创新和有趣，俏皮的可爱。

就像马佳佳卖的情趣用品一样，卖的不是简单的情趣用品，而是概念，通过自己独特的营销传播，加之把自己有趣的产品卖得更加人性化，这就改变了传统意义上的买卖，而是从卖产品转为卖价值。大象也是如此，在卖安全的同时也在售卖着快乐。所以说在传统产品进入互联网的同时，必须具有可传播性的内在本质以及独到的设计理念。

用户的感知，取决于商家与用户所进行的互动，要想赢得良好的口碑，商家就要依靠无可挑剔的服务。小米之所以能够火遍大江南北，原因就在于事先打造的 MIUI 深入人心，这让其他商家打造的 ROM 望尘莫及。为了满足不同用户的需求，小米的 MIUI 一周一更新，无条件地满足用户的需求，从而打造出了一大批小米的忠诚者。至于 MIUI 每次的版本都要靠用户的投票来决定，这种参与感也为小米的树碑立传赢得了最坚实的保障。

杜蕾斯的成功也是源于重视用户的感知，让传统产品参与到用户的生活当中，使其在无形中增添了无限乐趣。用户在乎的就是好玩，官方化是任何一个用户都排斥的，就像我们上了一天班后，回家应该打开电视，看一看娱乐节目让大脑放松一下，而不是一回到家打开电视，仍旧还是铺天盖地的教育警示片，这样的生活痛苦得很。如果你发现哪些产品依旧是官方化，那就说明这个产品还不够“互联网”。

现如今许多的传统产品在传播的渠道上依旧是处于线下销售，其最主要原因在于产品本身自有的特性。许多人愿意接受线下产品的销售模式，因为只有在线下才能够真切地感受到产品的真实感触和真实体验。比如我们在商场买衣服，合不合适只有自己穿上试一试才知道，这样就减少了用户在购买上的成本花费。最近几年，互联网的前进速度我们有目共睹，一些传统产品走向线上销售已经是无法阻挡。其实，大部分产品在互联网销售上只是通过转移渠道来实现交易，只有小部分产品能够实现真正的“互联网渠道化”。小米就是典型的互联网渠道化产品，将自己产品放在互联网上，通过限时抢购的模式完成同行业之间的 PK，这一创新的营销渠道，成功是显而易见的，可以说它在谈笑之间便坐收了渔翁之利。

传统产品在互联网化进程中，给那些梦想创业的人提供了更多的机会，那些怀揣梦想的人完全有实力去打造一个属于自己的品牌。抛开传统的商家思维并真正实现互联网思维，不是通过简单的“互联网售卖”就能够实现，这只是增加售卖渠道的手段而已。比如，我们的小家电，除了在网上进行销售，其他的特征都是千篇一律，更别提设计和感知了，这样的产品怎能吊起用户的胃口？

在互联网的新时代，不但要让自己的产品说出话来，并让你的用户真真切切地感受到、感知到，同时，还要通过互联网渠道实现成本降低。这是每一个用户所期待的，也是传统产品向互联网思维转变的一个必由之路。

7

用互联网思维做产品的七个元素

针对互联网思维很多人都在苦苦探寻究竟，力争找到一个完美、统一的答案，可是经过多年的论证，至今没有一个确切地认同。而今，大多数人倒是同意“互联网思维是一个多元化的概念”这一论断，一致认为它所涉及的内容是多方面的，而且认为每个人在使用它的时候会有不同侧重点。这个侧重点因时、因地、因需而有所差异，不尽相同。总结起来一共有以下七个元素。

1. 用户参与，产品更新换代快

用户的反馈永远是产品更新换代的重要参考。用户反馈回来的意见，能够更好地为产品的设计提供有价值的参考，用户的建言献策是每个产品企业都必须重视的。正是用户对产品提出的各种要求促进了产品更新换代的步伐，使产品的功能升级在逐步完善。一次性就做出一个完美的、无可挑剔的产品这种情况是不存在的，因此说用户的需要，始终是促进产品迭代的重要保证。

2. 病毒式营销，最终实现燎原之势

互联网最不用发愁的是消息的及时传播，只要你的这个消息足够有料，星星之火肯定能够达到燎原之势，而且速度之快会让你难以预料。互联网传播性可以促成你的产品在社会化媒体和社交网络的渗透，并且还能够利用轰动性事件造舆论，引发噱头，把这些富有争议性的话题大范围地传播出去，直到把你推向风口浪尖，引爆你所有感官神经，一阵虐人心痛的狂轰滥炸才算最终收官。这就是病毒营销的可贵之处，也是可怕之处。雕爷牛腩和罗永浩就是通过这种营销方式实现了利润回报，这可是一个无本有利的高明营销策略。

3. 免费战术，靠平台完成竞争

互联网向外界传播的很多信息都是免费的，这并不代表它是在做公益，而是通过免费策略极力地争取到更多的用户，将用户牢牢地锁定，使其成为这个产品的忠实买家。而且，这些网站还会把一些浏览器、搜索引擎、杀毒软件和 IM 等从专用产品蜕变成平台产品，通过自身拥有的庞大用户基数，来完成兜售和推广其他产品的服务，这种隐藏在身后的无形之中的竞争，实在是让人佩服！

4. 小而精，少即是多

“少即是多”原本是设计中的一种理念，但是同样适用于互联网。互联网产品其实一味地追求高大上是没有太多现实意义的，真正会做买卖的人会切实地抓住用户的某个痛点或者是价格取向，从而制定出市场定位明确、广受消费者欢迎的产品。在产品的一些功能上尽量做到简单明确，一味的连篇累牍给人的感觉会不胜其烦，时尚简约的风格是大多数人所愿意接受的，即便将来打算把自己的产品做得更大、更强，甚至更复杂，也要一点点地加上去，而不是一股脑地抛给用户，以免造成消化不良。针对用户体验，尽量做到操作简便、易于上手，无论老人小孩都能对产品驾轻就熟，最理想的状态就是，简单到能把界面消失，单靠一个人的本能或者直觉就能操作，简单到极限，就像微信里面的摇一摇。你的产品只有贴近大众，才能走进大众。

5. 清晰明了的大数据做决策

在互联网的圈子里，实时获得用户的大量行为数据并不是一件难事。通过这些数据既可以完成产品在市场上流通情况的数据采集，也能够帮助企业完成重大决策的制定，同样也可以通过AB 测试的方法，主动比较不同方案的优劣性。如今，更多的企业开始重视大数据的调查和研究，在直白的数据面前，所有的调查结果都是明确的、可视的，这对于相关政策的制定，会减少很多麻烦，就等于少走了很多弯路。对于大数据的应用，其开山宗师非谷歌莫属，谷歌在大数据的应用中，获得了广泛的市场认同。

6. “粉丝”效应，甘当草根

“粉丝”，最大的魔力就是基于某种产品的死忠。所以，有理想和报负的企业最迫切的任务就是培养一批死忠的“粉丝”，踏实地效忠某种产品，形成一股强大的“粉丝经济”。我们还要拿出甘当草根的精神来，品牌的顽强生命力不在于有多少明星大腕、商业巨贾的追捧，而在于这些平民百姓，也就是草根的紧紧追随和深切依附。草根算不上高雅，也难登大雅之堂，可是它不低俗，可以雅俗共赏，这样我们就可以放下身段、不惜代价地对“粉丝”进行讨好，只有这种高频、全方位而且不失分寸的互动，才能引来大批的“粉丝”在你的产品当中驻足。只要驻足了，你就成功了一半，至于那一半就要看你产品本身所具有的价值了。

7. 用户参与创造，自组网络生态

商家在创造一个产品的过程中，往往忽略了用户的地位。其实用户也是产品的一部分，不能忽视用户的力量，要调动他们的积极性，使其热情地参与到产品的创造上来，这样才能把产品的价值提升上来。在用户创造产品的同时，会自发地形成一股力量，这种自发形式会形成一种多样性的、层次复杂的网络单元。这样一来，产品就会在一个网络生态系统里繁衍生长、发展壮大，而这种发展最大的优势就在于不用企业自行组织，完全是自发的，出于用户的着手创造。

也许，在更多人的脑海里，互联网思维并不止于这几个方面的内容。每个人对待同一件事物都有着不同看法，一千个人就有一千个看法。但是，不能否认互联网思维给我们生活带来的变化和便捷，仿佛就在一夜之间，人与人的距离又近了许多，人与物的感知又快捷了一步，这就是强大的互联网，我们的生活的确发生了重大的改变。

Chapter 6

互联网营销：

威力强大的互联网营销

关于互联网营销一直是一个热议的话题。从理论上讲，互联网营销是以现代营销理念为基础的，通过网络、通信和数字媒体等技术实现营销的目标，确切的说是商业活动。这种新型的营销方式是科技进步、市场竞争、顾客思想价值的变革等诸多元素促成的，在信息化社会里，这种景象不可避免，必然会出现。

互联网营销好比是一个系统工程，涉及的领域很广，需要根据自身的情况做出准确的评判。事先要对市场做出一个准确的定位分析，细致地做好互联网营销的计划，最终才能实现互联网营销对企业所带来的宣传推广力度。

互联网营销就是为了借助互联网的强大覆盖力，使得企业品牌能够在网络媒介中迅速传播。

在网络思维的带动下，越来越多的企业将发展的脚步靠向了互联网，尤其是传统领域的企业。他们一致认为，只要自己的企业能够跟网络沾边，就一定会得到消费者的青睐，进而购买他们的产品。其实，我们没有理由对互联网的力度进行否认，但并不是所有的产品都能够在互联网上畅通无阻。互联网仅仅是一个渠道而已，同市场渠道的概念一样，“渠道为王”的时代已经过去了。如果你真正的想要获得市场的占有率，没有精心的策划和缜密的布局是不可能完成的，真正考验你的并不是什么思维和方法，而是你自身产品的质量是不是过硬，是不是真正的经得起检验。

什么是真正的互联网营销，互联网营销到底有着怎样的威力，走进本章内容，带你一同领略互联网营销的奥秘。

1 杜蕾斯：不能说的秘密

从我们接触市场的那一刻起，各种营销方式就无处不在，千奇百怪，但是要想把营销做好，让推销的阴影销声匿迹，可不是一件容易的事。对于一些具有敏感性、私密性的产品，比如卫生巾、情趣用品等，在这些产品的营销上不得不考虑一下道德层面和精神层面的影响，要在遵守社会公德的情况下进行营销，既不能冒犯公众的权益，又要迎合他们的心理，从而塑造出公众对于产品的忠诚度。

杜蕾斯作为避孕产品品牌，它在广告方面一直做得很优秀，它的广告风格在朦胧之中透着幽默感，大方调皮又不失分寸，可以说是一个成功产业的代表。

2010 年，杜蕾斯被利洁时收购后，始终顺应市场的形势多变，互联网广泛应用以后，更是加大了其产品在微博、微信的宣传力度，在业内取得了不可否认的良好业绩。

在中国，像一些情趣用品和保健品是很敏感的词汇，这与中国传统的文化理念有着密切关系，所以做这些产品的营销传播要格外慎重。杜蕾斯的宣传口号是“LOVE&SEX”，因此，我们在网上会看到杜蕾斯谈论最多的话题就是“LOVE”，因为我们只有拥有了爱情才会有伴侣。除了爱情，其他的关键词杜蕾斯也会涉及，比如性感、时尚、安全、幽默、狂野等。

下面，我们就对杜蕾斯的官方微博进行一个简单而透彻的了解，看一看它在互联网的营销上有着怎样的经营之道。

其实，生活中看似与这些不相关的内容，只要我们用心去挖掘，都会产生一定的关联，我们会通过这些新颖的词汇与产品的性质特征连接在一起，从而发出一些产品的帖子。当然这些帖子会有一定的比例限制，企业会根据当时的情况自主调配，以确保每天发布出去的内容都是新鲜、有趣、性感的，而且每天的风格都是不尽相同的，有可能是小清新，也有可能是重口味。

杜蕾斯拥有自己的专门团队设计品牌的形象内容。就官方微博而言，杜蕾斯的官方微博绝对地支持原创，许多精彩内容都是其他微博团体所不具有的。

杜蕾斯同许多外资企业一样，关于市场营销的执行工作都是委托代理公司来完成，这就给杜蕾斯的官方微博有一个专属的外包团队提供了机会。公司内部专门负责做微博营销的团队有 3 个人，主要负责 5 个品牌的微博营销工作，而微博销售市场经理和两个营销专员会专门负责对外与外包团队的成功对接，来完成与对内品牌部门之间的合作。内部与外部的团队一直保持着良好的合作关系，长时间的交流合作，使他们在工作过程中有一种无法言表的默契感。如果你感兴趣的话，不妨试着给杜蕾斯的官方微博发一封私信，你所提出的问题或者是建议一定会在第一时间得到回复，完全可以称得上是“秒回”，这种速度上的享受是随时随地的，不会受时间和地域的限制。

杜蕾斯的官方微博主要通过两班制进行运营，每天早晚两班进行维护，因为勤劳肯干的“粉丝”团体始终会保持着充分的体力，随时随地都在疯狂的刷屏，刷微博。

一般情况下，商业品牌的微博营销是要考虑很多问题的，稍有不慎就会招来“粉丝”的大片声讨、疯狂的吐槽，情况严重有可能声名扫地。所以，杜蕾斯在微博营销中绝对不会触及政治、宗教以及同类竞争品牌。像一些其他品牌的官方微博，当受到“粉丝”的攻击时，维护人员会毫不客气地说出“不喜欢你就走”之类的语言。作为大众传媒，或者服务行业，这样的态度显然是失礼，这种失礼的反馈一旦传播出去，就会带来极其恶劣的影响，一些竞争对手甚至会捕风捉影，从而散发出一些子虚乌有的八卦消息。这种情况在杜蕾斯是绝对不允许发生的，在同领域之间，无论是竞争对手发生任何好的或者不好的事情，杜蕾斯一概不予以评论，更不用说攻击了，而它所关注的只是自身品牌的建设。

所以，在杜蕾斯内部，只要是不牵涉敏感话题，所有的最新讯息都会第一时间与“粉丝”进行分享交流，尤其是关于公益、慈善、环保的问题。每当国内发生重大事故，类似地震、火灾、特大交通事故的时候，利洁时家化旗下的5个品牌的网站页面会立即变成单色，主动挂上黑丝带，主动停止微博一天，以示哀悼。这是杜蕾斯这个品牌对社会应有的态度，同时杜蕾斯也在呼吁其他企业和社会团体，更多关注公益，多做慈善。

对于企业所拥有的超强“粉丝”团，杜蕾斯很注重与他们之间的交流沟通，正所谓“先微博，再营销”，沟通是头等大事。

身为官方微博，只能在交到更多朋友的前提下，才能提品牌。杜蕾斯多年来一直致力于微博的营销，通过这种方式让品牌与消费者的关系更加亲近。杜蕾斯知道，在与消费者交流的过程中，最重要的就是学会聆听。微博营销最大的好处就是能够对消费者的诉求快速地做出反应，所以企业要尝试着放下自己的身段，把消费者放在与自身等同的位置，认真倾听消费者从心底里发出的呼唤。微博营销，有人味、通人情才是最重要的，也是产业内部不可或缺的。

作为利洁时家化的微博市场营销经理陈慧菱，对自己执掌的微博平台有着比常人更为透彻的理解。她认为做微博营销，必须要开放心态，积极主动地与消费者进行良性互动。如果没有互动，只是干巴巴地发布一条又一条的信息，这样的微博还不如不做。微博营销不等同于电视广告，电视广告会在企业所买下的时段狂轰滥炸般地播出，可是无论怎样的重复播出，它都属于单向传播，而微博营销是双向传播，在于与消费者之间的互动，所以企业的心态必须转变。

毫不夸张地说，杜蕾斯在微博领域最喜欢与“粉丝”交流沟通，当品牌的格调被培养出来后，“粉丝”做出的回应也会很有趣味。前阵子有一个帖子是一个顽皮的网友改掉了益达木糖醇的广告词，“兄弟，把油加满，你的杜蕾斯也满了。”当即杜蕾斯就迅速地做出了回应：“杜蕾斯牌无糖避孕套，关爱牙齿，更关心你。”一时间所有的“粉丝”简直笑疯了。之后，一系列的奇葩广告应接不暇地出现在了杜蕾斯官方微博上，有改编五粮液的，还有改编娃哈哈的，酣畅淋漓地恶搞，引发了众多笑料。

现在，杜蕾斯拥有19万“粉丝”，还有许多人为杜蕾斯的发展壮大添砖加瓦，每天杜蕾斯都会收到大量投稿，杜蕾斯也会毫不犹豫地帮助他们转发，因为这样他们自己的“粉丝”也会上涨。杜蕾斯每天和“粉丝”的互动交流都十分频繁，其目的就是为了让“粉丝”充分地意识到杜蕾斯不但是一个品牌，更像是一个充满个性、有血有肉的人，所以跟杜蕾斯交往绝对是一件很开心的事。

无论是经营一个品牌，还是一家企业，都不会一帆风顺，杜蕾斯当然也不会例外。那么，杜蕾斯又是怎样应对危机的呢？

面对网络的强大触角，杜蕾斯始终做着多方防范。举个例子，在美国，当一个人去面试时，面试官会把他最近几年在互联网上所有的行为轨迹都调出来，他们不仅重视个人能力的表现，更对你在虚拟世界里的表现感兴趣。作为一个品牌，所面对的境遇同样如此。在强大的互联网世界里，相比一些单项告知的官方网站和传统媒体，网络的传播使其面临着更高的风险。

因此，在杜蕾斯的微博营销当中，一直坚持24小时不间断、终年不休息的原则，只要负责监测的代理公司发现任何蛛丝马迹，也就是负面信息，就会立即作出反馈，将风险值降到最低。

如果遇到一些消费者的抱怨，杜蕾斯会率先与这个人沟通，询问事情的原委；如果遇到品牌的问题，公司内部会派专属人员进行解决协商；遇到类似像微博的内容引起了网友的反感，带来了较大的负面影响，杜蕾斯会立即删掉这条微博，息事宁人。

曾经有人在网上散播一些谣传，说杜蕾斯的产品中含有艾滋病病毒。听到这个消息后，利洁时家化数字营销市场经理在一个周末的下午顶着大雨赶到公司，同公司相关人员一起全程关注这个事件。后来，杜蕾斯经过慎重考虑后决定不介入这件事情，因为从帖子的质量上看，这里面存在着明显的知识性错误，大家都知道这个常识：病毒在离开人体后是无法存活太久的。在痛苦中煎熬了几个小时之后，一件令人开心的事发生了，一些杜蕾斯的忠实“粉丝”纷纷站了出来，毫不客气地对抗那个散布谣言的人，用切实的行动捍卫了杜蕾斯的品牌利益。对于这一负面消息，利洁时家化数字营销市场经理和他的团队从下午一直盯到晚上，在“粉丝”们的一致拥护下，这件事慢慢地平息了下来。

互联网营销是一个整体的策略，绝对不是某个单一的互联网应用或者是仅限于微博、微信的信息传播，要想深切了解互联网营销的奥秘，拥有开放的心态和决心才是成功的首选。

2 看加多宝如何利用口碑营销彻底脱掉王老吉的外衣

加多宝还是“熟悉的味道”却再也不是原来的品牌。不过三年的时间，加多宝顺利地摆脱掉王老吉的影子，走上了自己的康庄大道，不得不说这是业界的一个不可复制的传奇。这个传奇是加多宝凭借什么手段，采取什么方法才创造出来的呢？答案是更注重口碑营销。

2014 年 4 月，加多宝在广州举办了一场名为“红动伦敦，精彩之吉”的活动。同期，加多宝“红动伦敦之星”的评选也在网上如火如荼地展开。之后，加多宝又以“红动伦敦，畅饮加多宝”为名，举办了一系列的活动。这场主题活动随后以“城市接力”的形式依次在全国各大城市相继展开，不论是“粉丝”、社会名流，还是肩负众望的奥运健儿，抑或是热情参与的普通百姓，都积极地将自己对奥运的寄语和祝福写在了加多宝的红动大旗之上。在 7 月 8 日，伦敦奥运会即将开幕之前，加多宝用了两个巨型的加多宝红罐造型热气球将这面写满了众人祝福的壮丽大旗牵动在了北京鸟巢的上空。当这面大旗由地面缓缓升起到天空之上时，在场的所有人都欢欣鼓舞。此时，人们由衷地感到自己与伦敦奥运会的距离是如此的近，自己与伦敦奥运会的缘分是如此深。

伦敦时间7月22日的上午，加多宝又联合了国家体育总局下属的体育文化发展中心在伦敦新地标——伦敦眼发起了“红动伦敦，畅饮加多宝”的活动。活动别开生面，加多宝实现了自己的诺言——将国人对奥运的祝福送到伦敦。这次活动是加多宝摆脱掉王老吉之后在国外的首次亮相，这次亮相惊艳了海外媒体，充分地向世界展现了它的雄厚实力，也为其在全球范围内推广自己的凉茶文化奠定了基础。

加多宝此次活动的成功正是源于将自己的品牌和集结了全世界人民关注的奥运盛会巧妙地联结到了一起。通过此举，加多宝不仅迎合了国人想要抒发自己强烈的爱国热情的心理，同时也借用自己的强大实力让普通群众以另一种方式参与到了伦敦奥运会之中来，缩短了普通民众和伦敦奥运会之间的距离。加多宝所发起的“红动伦敦，畅饮加多宝”活动，特别符合自己的产品定位，而“红动伦敦”几字不仅表现了自己对参加伦敦奥运会的中国健儿们的深切祝福，同时也加深了人们对于红罐凉茶的印象。加多宝仅仅将自己的产品与奥运会中所具备的共同的“红”的特点，使用文字游戏巧妙地联系了起来，就在国人心中树立起了一个非常正面的红色形象，让消费者在潜意识中就把自己与正能量联系在了一起，从而凝聚了更多人，使自己的口碑宣传不断扩大。

而在这之前，加多宝就以6000万元的投入成为2012年最接地气、最受欢迎的节目——“中国好声音”的冠名播出商。从

2012 年 7 月 13 日“中国好声音”正式亮相开始，它就成为了一档高收视率的节目，而冠名播出的加多宝也随着节目的热播深深地烙印在了每一个观众的心目中。

加多宝借着“中国好声音”的势头，将自己由王老吉更名为加多宝的事实传扬到了千家万户的耳中，借着网络的推广，其成功地将自己的品牌和“中国好声音”这档节目实现了完美统一。

口碑营销的一个最显著特点就是善于以小博大。也就是说，在进行品牌推广的时候要善于把它融入到大的势头之中，抓住大势的特点为己所用。加多宝通过冠名“中国好声音”，利用“中国好声音”火热的讨论度和关注度，借用它强大而广泛的观众基础，用短信互动和微博热门话题的讨论等形式，拉近了与观众之间的距离，让观众在不知不觉间就把王老吉置换成了加多宝。每当人们想起“中国好声音”，就自然而然地会想起同样正宗的加多宝。显然，加多宝用 6000 万元为自己赢得了一个超高的知名度和口碑。

2013 年 4 月 20 日，四川雅安发生了 7.0 级地震。4 月 26 日，加多宝在自己的官方微博中发布了一条消息。消息的内容如下：今天，我们将通过@中国扶贫基金会向饱受摧残的雅安捐款 1 亿元，希望自己的所作所为可以为雅安的灾后重建贡献出一点微薄之力。我们相信，太阳照常升起，一切都将会变得更好。这条消息一经发布，就迎来了网友们的广泛讨论，加多宝捐款 1 亿元的消息也瞬间成为了微博热门话题。加多宝的此次举动不禁让人们想起了它在 2008 年四川汶川地震时也向灾区捐款 1 亿元的大手笔，而当时，它还被人们叫作王老吉。

瞬间，“还是原来的灾情，还是熟悉的1亿元，全国地震捐款领先的红罐凉茶改名加多宝”的宣传口号传遍了整个网络，不论它是来自于网友的撰写，还是加多宝自己的策略，总归，这句口号让加多宝在雅安地震的前两周赚足了人们的眼球，而加多宝红罐凉茶的销量也不断攀升。

理性会告诉我们一个企业捐款多少与它自身的社会责任感并无直接关系，但从感性方面来讲，我们不得不动容，有哪个企业敢在每次有灾情出现的时候都自发地捐出如此巨款？加多宝的所作所为让我们不得不为它竖起大拇指，对它刮目相看。在加多宝宣布自己将对灾区捐款1亿元用于重建的时候，这个公益行为所产生的口碑效应瞬间在网上掀起了滔天巨浪，很多网友都在第一时间开始搜索加多宝的相关信息，而这种热度造成的直接后果就是加多宝的网站被网友们刷爆了。

“中国人，只喝加多宝！”“老板，来杯加多宝，加冰的！”“今年过节不收礼，收礼只收加多宝”“戒掉可乐，从此只喝加多宝”“要捐就捐1个亿，要喝就喝加多宝”“人间有真情，人间有真爱，欢迎大家踊跃购买加多宝”等语句霸占了微博的每个角落，网友们自发地开始为加多宝构思广告语，从网络营销的角度来看，加多宝的这次行动在网络中所产生的巨大影响力，让我们不得不为互联网给口碑传播带来的巨大便捷性和影响力感到惊叹。

在2014年，加多宝的各种广告和口号以“无人匹敌”之势铺天盖地地覆盖了所有社区网站。不论是伦敦奥运时的“红动伦敦，畅饮加多宝”活动，还是不惜斥巨资都要抢到“中国好声音”的冠名权，抑或是在雅安地震期间为灾区捐款1亿元，这一系列的手段都为加多宝的营销打造了无与伦比的绝好效果和基础，消费者们好像在睡醒之后就忘记了“怕上火时要喝王老吉”。不得不说，加多宝所采取的一系列营销手段为加多宝能够在与王老吉的整场较量中取得最终胜利立下了头号功劳。

3 滇越铁路：最古老的免费营销启示

滇越铁路始建于 1910 年，距今已经有 100 多年的历史，它的建成通车改变了云南境内千百年来“山间铃响马帮来”的交通运输方式，有效沟通了云南与外界的联系。修成后的滇越铁路成为了“云南十八怪”的其中一怪，那就是“火车不通国内通国外”。

从历史的角度看，滇越铁路曾经对当时内忧外患的中国历史产生了重大影响。当年蔡锷将军发动讨袁起义就是乘坐滇越铁路专线抵达昆明的。抗日战争初期，日本帝国主义完全封锁了大陆海岸线，滇越铁路成了中国接受外援捐助的唯一通道。据不完全统计，滇越铁路在战争时期的运输总量超过滇缅公路与“驼峰航线”运输量的总和。

往往越是强大的事物背后越隐藏着一些鲜为人知的故事。在铁路刚刚修成通车后，它的乘客寥寥无几，铁路部门面临着营销的窘境。此外，云南各界人士对滇越铁路的情绪也是莫衷一是。当第一辆列车抵达云南昆明时，身为民族精英的陆军讲武堂学生集体到火车站抗议游行。

出现这种情况，是在所难免的。因为这些钢铁怪物实在入不了当时民众的法眼，火车这一洋玩意大大超出了国人的想象力。此外，铁路的修筑是洋人们通过不平等条约换来的，在铁路修建的过程中，不知牺牲了多少云南百姓的性命，谁知道这些黄头发蓝眼珠的白人到底存在着怎样的歹意呢？

面对这些麻烦，作为滇越铁路的法国经销商们深知，要想得到民众对铁路运输的认可，必须要用事实说话，要让对铁路充满抵触心理的中国人看到，便利的交通运输方式是怎样改变他们的生活的。那么，要用怎样的方法才能打破中国人的这些疑虑呢？

为此，聪明的法国人想出了一系列打消中国人疑虑的妙招：乘坐火车免费；在乘车免费的基础上，还会免费向乘客们提供水果和糖。在当时的那个年代，水果和糖可不是普通人随随便便就能尝到的美味。

在如此强大的利诱与攻势之下，有的人开始经不住游说，做了“吃螃蟹的人”。开洋荤、坐洋车，一下子就让这些民众感受到了前所未有的新体验，坐火车比马车快多了，而且极为舒适。这些得到甜头的人回去以后到处宣传乘坐火车的感觉，一时间他们的话语便成为了宣传滇越铁路的活广告，于是很多人的好奇心就被调动了起来。那时候街面上最流行的语言就是：“你坐火车了吗？”

从此，滇越铁路就这样被炒作了起来。这可能是云南历史上最早出现的病毒式营销和免费思维。这个故事让人很受启发，在如今的互联网社会，营销虽不是万能的，但是没有营销却是万万不能的。任何一个服务于他人的产品，离开了营销可能就无法生存。只有适当的营销手段和前期的投入，一个新的产品才会被潜在的用户所知晓，有效地消除用户心中存在的顾虑才能塑造产品的口碑，进而开拓市场、占领市场，最终获取更大的商业收益。

从滇越铁路的营销案例中，可以得出这样的结论，那就是巧妙适时地营销必须要打破传统营销“酒香不怕巷子深”的思维定式。林林总总的营销手段，归根到底是内容的营销，只有你的酒足够好，一些精致的营销手段才能真正的派上用场，“深巷子”推广困境才会被克服。

当年滇越铁路所采用的营销方法可谓是巧妙至极。如果当时滇越铁路没有超出传统交通运输的核心竞争手段，想要树立良好的口碑是不可能的，可见核心竞争力是多么的重要。如果现在把已经停运的滇越铁路再重新运营起来，无论你怎样免费、怎样发水果都是难以成功的，因为发达的交通网络已经不再需要这种过去式了。当年的铁路营销者真是给了后人一个重要的启示。

从滇越铁路免费思维的营销中可以得到一些启示：免费服务模式不仅是要向用户提供独特的用户价值，还要让这些免费服务实现高质量，比如滇越铁路不仅安全快捷，而且舒适温馨，这才是圆满完成营销的最大保证。

而在现今的互联网社会当中，免费思维的概念是指，为了在更广阔的范围之内推广自己的产品或者服务，将自己的部分或者全部的有价值的服务无偿地奉献给别人。而这种意义上的免费也存在着真伪之分，现实生活中，并非是不收费的服务都是免费的服务。目前国内大多数经销商打着免费的旗号向用户或者消费者提供的“免费”其实都是一些毫无利用价值的“伪免费”。

因而，打算向用户提供真正免费服务模式的商家一定要慎重考虑。也就是说，在你的承诺期内，不管你的企业盈利与否，都要对你的用户尽心尽力，而且服务水平要迈向一个更高的水准，始终向用户提供高质量无差别的免费服务；如果你的态度略差，或是根本无法兑现之前对用户的承诺，那就是你的免费服务没有到位，如果让你的用户因此蒙受了巨大的损失，作为营销企业来说，负法律责任都是不足为奇的。比如，发生在 2010 年 4 月的肯德基“超级星期二秒杀门”的严重事件，所引发的后果是值得每一个营销商认真反思的。

可以说，所有的营销都是为了同一个目的，那就是盈利、赚钱，“免费服务模式”也在这个范畴之内。一旦运用免费思维开启了免费服务模式之后，就意味着企业在这段时间内从心底放下了理所当然的常规收入，如果想要创收就要看企业所制定的服务模式是否得当。

具体的免费服务模式主要有两种：第一种是如同滇越铁路的经营者一样，将收入放在免费推广所带来的高收益之后；第二种是把收入的希望完全放在看似与主要营销毫无关联的增值服务上。这两种方式可以称为“堤外损失堤内补”，也就是企业通过免费服务聚拢人气，靠增值服务实现盈利的梦想。最擅长应用这种方法的互联网企业就是谷歌，它在搜索业务上实行全面免费。然而，通过搜索业务聚集来的数十亿用户，却让谷歌成为互联网平台上最有价值的一家广告平台，正是这种免费的服务理念，让谷歌轻松地获得了巨大利润。

无论产业营销者采取以上哪种方式获得利润，都必须摸清潜在用户的心理需要，洞悉整个市场的发展方向，放稳脚步，踏踏实实地大胆创新。如果只是单纯地通过免费进行免费营销，那么免费的营销思路将会难以为继，最终导致失败。

正是在对免费思维的实质进行深刻的把控与领悟的基础之上，马云才发出了这样的感慨：“免费一点都不便宜，它是世界上最贵的东西。”

4 步步为营的相宜本草营销策略

在互联网上，任何一点风吹草动都会被无限制地夸大，网民们的影响力有时甚至会比新闻来得更加巨大。不管他们的出身是什么，他们的月收入有多低，职位有多普通，他们都可以通过在虚拟的互联网中发表自己的想法和感受去影响他人。

有一家名为 Jupiter Research 的市场研究公司曾经做过一次网络调查，调查结果显示：有近 80% 的消费者在购买某样物品的时候，都会先参考购买过的网民所发表的产品评价。这一数据几乎被所有商家认可，他们相信，在网络世界中消费者是否购买产品的决定性因素就在于其他消费者的推荐和购买意见。所以，一家企业想要拥有高知名度和高认可度，经营好自己的网络形象，打造好自己的网络口碑十分重要。

相宜本草是一家主打天然本草类产品的化妆品公司。因为刚进入化妆品领域没几年，所以它的知名度还不是很高。它的总部设在上海，但就在自己的“大本营”内，它的知名度也只有 30 分，与它的低知名度形成强烈对比的是它的产品美誉度高达 70

分。造成这种结果的主要原因在于公司将大量的资源和资金都投入到了产品的研发之中，而忽略了关于市场方面的投入。虽然相宜本草的管理层注意到了这个问题，但在短时间之内，公司还不想改变自己的整体经营策略，也就是说，未来几年公司在市场方面的投入依然较少。那如何在有限的市场投入之下产生无限的营销效果呢？经过广泛的资料收集与调研之后，相宜本草决定利用网络的广大影响力，在各大社区网站中采取口碑营销策略。借助这些具有广阔用户群的媒体网站，在迎合众多网友的心理的情况下大肆宣扬自己的产品，同时抓住并利用网络传播方便快捷的特点，在短时间内实现自己低成本的广泛传播效应。

经过重重筛选过后，相宜本草最终选择了用聚美优品作为自己的核心宣传平台。聚美优品是国内近年最新兴起的一家专门做化妆品团购的网站，网站中汇集了众多化妆品消费者、“粉丝”和在这一领域中有很大影响力的意见领袖。而且聚美优品的用户多为年轻态人群，消费习惯和品牌习惯还没有养成，年轻的她们对于尝试各种新鲜产品和品牌具有非常大的热情。因此，聚美优品成为了具有众多“小白鼠”用户的网站，而“小白鼠”的特点之一就在于她们的想法非常容易被“大神”们以及网络达人们所左右。相宜本草正是利用了这个特点，开始了自己在聚美优品的网络口碑营销。其口碑的建立过程大致分为五步：

第一步，将自己的产品设定为品牌适用装，让消费者可以免费申请试用。对于消费者而言，免费的东西向来具有非常大的吸引力，而对于众多女性消费者而言，免费的新品试用装无疑对她们充满了诱惑——通过申请试用新品化妆品牌，她们也许能够发现一个就存在于自己的周边但却没有在专卖店里尝试过的新品牌，试用之后还能写下自己的感想吸引到众多用户的注意，满足自己的虚荣心。所以在免费试用名额发布之后，一定会有众多的消费者进行试用申请。相宜本草就是利用了消费者对新鲜事物的好奇心和多种心理因素，达到了自己为品牌造势、积聚人气的目的。也就是说，消费者试用过后，会在聚美优品中贴出自己的试用评论，而此时就会有众多的消费者关注到相宜本草这个品牌，通过了解试用者对产品的口碑评价，决定自己是否进行对相宜本草的继续关注。但在此过程中，相宜本草只是免费地发送了几批试用装就使自己的品牌成功地抓住了消费者的眼球，获得了她们的关注。仅凭这一点来说，相宜本草的第一步计划无疑就是非常成功的。

第二步，收集消费者数据资料。将申请者的姓名、电话和消费习惯等信息进行收集并向公司进行反馈。相宜本草充分利用了申请者的数据资源，通过向这些潜在用户进行电话营销和邮寄相宜本草会员杂志等形式来赢得她们的好感，通过此举让她们加强对自身产品的认识和了解，激发她们的购买欲望。《影响力》杂志曾提出过一种便于笼络客户的原理——“互惠原理”，它的主要内容是人们愿意以相同的方式对他人为其所做的一切给予相应的回报，这些试用者不仅免费地使用了相宜本草的产品，还在过后收到了公司邮寄来的会员杂志和其他服务，所以她们很乐意为相宜本草进行好的评论，也愿意去进行购买。相宜本草用这种方式不仅为自己赢得了好口碑，更为自己打开了销售的切口。

第三步，网络整合营销传播。聚美优品本就是全国最大的化妆品团购网站，相宜本草通过聚美优品再联合其他门户网站进行联合推广，使传播载体更加丰富，传播的范围更加广泛，由此快速提升了相宜本草在互联网上的知名度和影响力。整个推广过程中，相宜本草不仅组织了线上线下的联合活动，还对高校人群进行了覆盖，利用短信平台对高校学生进行了精准营销，这些都为相宜本草的传播起到了极好的推广作用。

第四步，用户分享试用体验。相宜本草用奖品当作吸引试用者分享产品体验的诱饵，以此来讨好试用者，引导她们作出正向的口碑，达到产品在网络传播中知名度和美誉度共提升的最佳效果。聚美优品拥有着稳定、活跃的用户群体，试用者在收到相宜本草的试用装以后能够快速地开始体验，并且在体验过后马上将过程分享给同样感兴趣的用户。这与聚美优品网站整体营造出来的气氛和气质有很大关系。因为有着高质量的试用者和奖品作为鼓励，相宜本草的试用评论效果非常好，超过九成的评价都不下500字。即便在聚美优品这个最大的化妆品网站上，如此高质量的评价也是非常罕见的，如此高质量的评论极大地传播了相宜本草的口碑。而在这时，相宜本草的一款免洗眼膜也正好推出投向市场，很多还在观望中的消费者在百度和谷歌看到这款产品的评价时，基本上都会回到聚美优品上。因为这里的试用者是这款产品的第一批用户，而消费者在聚美优品中可以看到关于这款产品几十篇的高质量好评，查看同类产品时，他们也会看到上百篇关于相宜本草其他产品的优质评论。相宜本草将聚美优品上汇集的大量优质评论和口碑通过复制传播到了其他门户网站，就这样，这个新兴品牌的好口碑在互联网当中便逐渐地扩散开来。

第五步，通过试用达人Blog的推荐达到推广效果。试用达人Blog在网络试用领域拥有着超高的人气和影响，目前他拥有1700多个网络订阅，读者群也对他非常信赖、忠诚。可以说，经过他推荐的新款化妆品都会获得消费者的拥簇和购买。在整个推广结束阶段，相宜本草还将网友的优质评论进行了重点推荐，以此来加强可信度和影响力，为相宜本草第一次网络口碑的建立与传播画上了完满的句号。

相宜本草虽然是化妆品领域中的“新人”，但它的成绩已经非常喜人，它的年销售额以50%的高增长率远远地超过了业内品牌的整体增速，而善用网络进行口碑推广无疑是它能够取得如此傲人成绩的根本。

5 滴滴打车和快的的战争谁是赢家

虽然现在已经不是滴滴打车最火爆的时候，但是滴滴打车的一系列措施还是让这款打车软件成为了时下最热门、最时尚的打车软件之一。

2014 年初，滴滴实行补贴措施，其中补贴的最高额度甚至是起步价不需要付钱，这使得滴滴打车在半年的时间里就成为了“手机打车神器”。

打车在多年来算是一个难题，很多人常常因为这样或者那样的原因打不到车，而滴滴打车的出现，则很好地解决了这个问题。当你需要一辆出租车时，无论你在什么地方，都可以通过滴滴打车软件将你的所在地传递给出租车，从而使你打到出租车的概率大大增加。

随着移动互联网时代的到来，改变了电脑用户的传统习惯，互联网用户不会被束缚在自己房间的那台电脑前，而是拥有了更多的自由空间，产品的功能也变得更加多元。滴滴打车正是在这个大背景下应运而生。

滴滴打车最初的版本只有语音叫车的功能，因为乘客的需求很简单，只要向周边的司机喊话，告诉他们自己要去哪里就可以了。但是实际使用时发现了问题，因为每个人当时所处的环境是不一样的，有的人在很吵闹的环境里，而有的人是在很安静的环境里，比如开会的时候就不可以向司机喊话，于是滴滴打车又增添了文本功能，让乘客可以使用文字的方式向司机传达自己的信息。

滴滴打车不仅是为乘客提供方便，它也很好地照顾了司机的需求。比如，很多司机其实在工作时是很无聊枯燥的，滴滴打车就提供了一个包括天气预报、活动信息的简单播报，它最大的特点是在不同城市会使用不同的方言，司机听到的是自己的家乡话，会觉得很亲切。而滴滴打车的播报员也因此成了司机心中的明星，甚至它还有为司机找餐馆、卫生间的功能。

这样的一款软件使用起来固然方便，但在推广的过程中是不太容易的，因为很多司机对互联网产品不熟悉，甚至很多司机的手机还是诺基亚的塞班系统。针对此，滴滴打车是这样做的，他们告诉司机如果想要安装他们公司的产品，可以发短信到12114，这样就可以得到带有下载链接的回复，安装起来特别方便。公司还派人到机场去专门推广这一产品，快速地教会司机滴滴打车软件的使用方法。经历了艰难的2012年之后，滴滴打车的局面终于被打开了。

滴滴打车的创始人程维认为，在人们的生活方面，“衣食住行”中只有“行”还没有被互联网渗透，而移动互联网的发展为这种渗透提供了基础。

就是这样一款实用的软件，在近一年来却经历了激烈的竞争——它与另一款有名的打车软件快的之间进行了异常惨烈的战争。

市场上本来是有着数十款打车软件的，经过一轮又一轮的淘汰战，现在已经基本形成了滴滴和快的两强相遇的局面，所以一场恶战已经在所难免。

从 2013 年底开始，滴滴与快的展开了一场烧钱大战。

快的起家于杭州，先后在上海、广州等城市完成布局，下一步自然要进军北京。快的在北京为了打开局面，准备投入 1 亿元来“烧钱”，采取新用户打车奖励 30 元的措施。还不仅是这样，快的绑定了支付宝，司机只要安装支付宝就可以有 50 元现金的奖励以及 50 元支付宝余额的奖励；使用快的打车软件的司机，每天在线 6 个小时就有 5 元的奖励；北京的用户看到快的的户外广告分享到微博上就有 10 元的奖励，至少对于用户来说，这实在是一件大好事。

滴滴也不甘示弱，在快的的老家杭州采取了类似措施，司机的每一个订单都有 5 元到 10 元最高到 100 元的补贴；如果这个司机有办法让他的乘客通过扫描二维码的方式安装了滴滴，还会有 10 元的奖励。不仅是司机，乘客也分到了滴滴的蛋糕——在杭州，一名下载了滴滴 APP 的乘客，两天内乘车每次都会报销 10 元（通过充话费的形式报销）。滴滴的优惠措施导致快的在其老家很多的用户改为使用滴滴。可以说，滴滴大有奉陪到底的架势。

在滴滴和快的持续烧钱的战争中，两家公司可以说是各种奖励措施接连出台，补贴金额持续上涨，补贴形式也让人应接不暇，从而导致了打车软件业务突增，系统接连出现瘫痪的局面。

2014 年 5 月，滴滴和快的同时宣布停止对乘客进行补贴。

滴滴打车的创始人程维认为在某一阶段是需要通过烧钱的方式来培养用户的某种习惯的。

随着“烧钱大战”的偃旗息鼓，在其他领域，滴滴和快的又开始了白热化的竞争。滴滴和快的先后宣布和中国电信、中国联通合作，即双方在手机流量、业务套餐、手机终端等领域展开合作。滴滴与中国电信的合作可以使滴滴凭借中国电信网络提升服务信息的用户体验；而快的和联通的合作可以共同对用户共享和积分体系的互换进行有效探索。

房地产领域也成了两款打车软件没有硝烟的战场，乐居在自己的微信售楼处增添了新的功能，想看房的用户可以一键通知滴滴来服务，而搜狐焦点的用户也可以在愉悦看房后享受到快的的服务，而在这个过程中，用户都是可以得到优惠的。

这表明竞争在经历了“烧钱”的阶段之后，开始转向了生态和服务领域。公司运营多年，在已经获取大量用户的前提下，需要思考赢利的问题 。在这样的情况下，滴滴必须通过增值服务来获得利润。

继快的推出商务租车服务之后，滴滴也推出了专车服务，也就是一种增值服务。在使用滴滴的乘客遇到某种打不到车的情况时，滴滴会提供专车服务。而根据用户的需求提供服务，是市场规律的一种表现。

可以说，通过前面滴滴“烧钱努力”所做的铺垫，接下来的增值服务模式的发展应该会有很大的想象空间。

虽然到底谁是最后的赢家还不得而知，但是可以预见的是，在互联网世界的竞争中，只要占有了足够的用户，那么日后在本行业中就会拥有一定的话语权。

6 桑拿房的微信营销

桑拿中心不少见，高盈利高收益的桑拿中心更是多如牛毛，可是不向客户提供任何特殊服务的桑拿中心，每月收益还能高达60 万元以上就非常惊人了。

这家不提供任何特殊服务还能够每月收入上百万元的桑拿中心位于深圳市。它有一个很有意思的名字：海燕桑拿中心。中心里面有大约 50 位技师为客人提供服务，周边的桑拿中心很多，竞争很激烈，在还没利用微信营销以前，这家店的生意一直不是很好。

桑拿中心的负责人名为赵川，是个走在潮流尖端的人。他非常喜欢尝试新鲜事物，总是泡在网上的他也很容易就接触到网上最新发布的潮流信息。偶然的一个机会，他在贴吧里看到了一个关于微信营销的帖子。看完后他受到了很大启发。于是，他利用网络和社交平台与这个发帖人取得了联系，向他请教了如何用微信来进行营销的经验。沟通过后，赵川抱着试一试的态度，准备用微信推广自己的桑拿中心。

首先，赵川买了50多部智能手机，把它们发给所有的技师，每人一部，而且在每一部手机中都下载好了微信。赵川要求每一位技师都开通微信，并能够熟练地使用它。技师在开通微信以后，要建立自己的微信账号，并将上面个人资料做出修改。先是个人头像，赵川要每一位技师都把自己的个人头像换成比较时尚、流行的图片，然后要求每一位技师起一个“艺名”，名字也要具有个人特色。而所有通过微信招揽过来的客人，技师们都要用“艺名”和他们进行沟通并服务。在个性签名的那一栏里，赵川还要求每一位技师都填上一句比较高山流水、风花雪月的诗句或者流行语。在个人相册中也要放上一些流行、新潮的图片和段子，并且把朋友圈的权限一律都设置成允许陌生人查看十张照片的模式。

微信上的个人资料与朋友圈的准备工作做好以后，赵川就安排空闲的技师去周边的写字楼与人口较多的居民区和公园来回走动，并要求技师不断地查看、刷新附近的人。这样，每个技师在不同的地点都会收到不少搭讪消息，有很多人都请求添加他们为好友，平均下来，每位技师每天所收到的消息没有低于三十次的。如此算来，每个人每天收到30条请求与搭讪，一个月就有近1000人在进行搭讪，而桑拿中心有50名技师，这就意味着每个月这所桑拿中心会收到5万人请求添加好友的消息。

赵川的手段不仅如此，他还要求技师在与人聊天的过程中，诚实地告诉对方自己的职业与工作地点，而对于部分怀有其他不良企图与特殊要求的朋友直接进行拉黑处理。在如何把微信中的朋友发展成客户方面，老板对技师只有四个字：顺其自然。所有的技师都不能主动地邀请微信中的好友来中心进行消费，而是要让朋友们心甘情愿地前来消费，对于那些对外的邀请，都以工作繁忙为由进行拒绝。

每隔一段时间，赵川还提醒众位技师及时地更新朋友圈，来维护自己的活跃度，增强自己在朋友心中的存在感。所有的技师都承担着双重角色：朋友与客服人员。技师可以以朋友的身份和微信中的朋友们进行正常交流，但如果有朋友对桑拿中心的服务及价格进行询问时，此时的朋友就变成了中心潜在的客户，技师就要灵活地转变自己的角色，耐心细致地回答对方所提出的问题，并对不了解的客户进行专业地讲解。

因为是桑拿会所，所以白天来光顾的人很少，技师还可以与朋友们正常交流，但到了晚上，技师都要上班，众多的消息根本没有时间处理。后来，赵川采用了一个集中回复的方法，就是在技师都去服务的时候，把他们的手机都收集到一起，然后由正处于闲职状态的人进行统一的集中回复，并继续和对方进行沟通。

借助微信进行营销后，赵川通过总结发现，在所有的微信好友中，有近6%的人会根据技师的讲解主动来桑拿中心消费，而每个月50000条的搭讪信息，能够招揽3000位客人。桑拿中心的平均消费是每人168元，每天通过微信营销，大约能够吸引100名左右的客户。这样算来，仅仅通过微信的途径，桑拿中心的每月营业额就已经非常可观。

逐渐地，桑拿中心的名气越来越大，而名气越大，招揽的客人自然就越多。

微型营销看似简单，但如果对其认真分析，就会发现，想要营销成功，就必须要坚持以下几点：

第一，明确客户，投其所好。桑拿中心的所有技师，他们微信朋友圈中的所有照片都非常时尚，并且具有青春气息，这就引起了很多符合消费条件、具有消费能力的人群的注意。而技师直接告诉对方，他们提供的是合法的桑拿服务，这就明确了服务项目。

第二，真诚待人。当技师同意对方的好友请求之后，能够非常诚实而又明确地告诉对方自己的职业以及能够提供的服务，毫无隐瞒的迹象。此举大大地增强了对方对技师的信任，也提高了桑拿中心的形象。而且，老板有明确规定：技师不可以主动邀请朋友们前来消费。实际上，这种做法是非常明智的，因为当你在朋友圈中发布广告信息的时候，你在对方心中的地位就已经从朋友沦落到了可有可无的销售人员，这种行为会大大影响自己的形象。任何一个人都不喜欢自己被朋友拉着硬性消费，在朋友圈以及在平常的沟通中，不植入广告的行为不仅体现了对对方的尊重，更提升了桑拿中心的信誉以及档次。

第三，桑拿中心自身的合法经营。只有合法经营的桑拿中心才敢于这样“打广告”，而也正是这种诚信经营与服务，才赢得了人们越来越多的信任。这种信任就是一种绝佳的口碑，当一传十、十传百，客户再买的就已经不仅仅只是服务，更是一种品牌了。而每一个商人、每一个有经商头脑的人都知道，品牌的力量与影响是非常大的，它是一家企业、一个公司最好的名片。

当然，从这则案例当中人们能够借鉴到的东西并不仅只是这几点，而每个行业每种产品都有自己的特点，并不是所有的微信营销都要遵循这一模式，因此要根据自己的需要，制定适合自己的微信营销方案。

Chapter 7

“粉丝”经济学：

“粉丝”是互联网时代的驱动力

"粉丝"经济学并不是一个新鲜的概念。古往今来，这种概念在娱乐圈中广泛盛行。我国有流传上百年的戏迷经济，在过去十几年中出现的歌迷、影迷、读者、听众、发烧友等这些都是"粉丝"经济的雏形。最近几年，随着网络的发展，"粉丝"与"粉丝"之间的互动从量变发展到质变，"粉丝"经济的发展也被提上日程，而且发展的速度可谓是一日千里。

如今的"粉丝"经济早已不是娱乐圈的独享天地了。在移动互联网产品当中，联想、小米、华为、魅族等电子产业也挤进了"粉丝"运营的热浪当中。尤其是小米，利用强大的"粉丝"团体，把小米产业搞得风生水起。

于是，很多人坚定地认为，只有"粉丝"、强大的"粉丝"才是互联网时代真正的驱动力量。

商家培养出来的"粉丝"是理性的，因为他们比一般的消费者具有更强的产品辨识能力，能够为公司产品的改进提出更有价值的建议。"粉丝"有助于帮助自身品牌实现更高的价值，从而提升产品信息的传播能力，这也是在如今互联网社交媒体泛滥的背景之下最好的营销方式。

随着"粉丝"经济的日趋成熟，企业与客户之间的关系进入了一个新的阶段，就如同联想集团 CEO 杨元庆所说的那样："粉丝"经济不是单纯的卖产品这样的简单，而是要经营你的客户。

1 《小时代》：郭敬明的“粉丝”经济学

《小时代》的大热，除了与现今的文化背景有关系之外，郭敬明的个人“粉丝”经济学和互联网的特性占了绝大功劳。“粉丝”经济和互联网思维碰撞在一起，产生的巨大火花，为电影的走红提供了更为广阔的空间，它所形成的价值远远超过了电影剧情和电影本身所宣传的价值取向。

郭敬明是很聪明的一个人，因为他知道怎样用自己的作品牢牢抓住“粉丝”的心。21 世纪之初，当他在新概念作文大赛中拔得头筹时，人们还对这个名不见经传的人物十分陌生。到了 2003 年，“一场梦”让所有人都知道了郭敬明，他依靠小说《梦里花落知多少》走进了公众视野。而后来《梦里花落知多少》的“抄袭事件”，反为这本书的大量促销造足了噱头。

就在这时，郭敬明发现了他的这些潜在读者们的内心世界。这是一群有着叛逆心理的“80 后”和“90 后”，有的正处在青春期，有的在后青春期徘徊，他们每个人都有着自己的一份理想，有的渴望长大，有的渴望爱情，还有的期盼着成功。最终，郭敬明决定用一种独特的思维为这些读者们打造一些独有的梦想，因为他们的这个群体正承受着学业的压力，而文化产业像电视、电影对他们的生活很少关注，图书就成了这个群体少有的可以寄托希望的领地。

郭敬明的小说就是在这个背景之下创作出来的，所以这些小说一经推出就吸引了大批读者，再加上各大媒体对郭敬明“抄袭事件”的争相报道，一时间郭敬明的“粉丝”数量简直炸了锅。而且郭敬明对自己的“粉丝”相当关爱，他曾在公开场合说过，郭敬明是郭敬明，“粉丝”是“粉丝”，请你们不要因为讨厌我而讨厌我的“粉丝”，他们是无辜的。

《小时代》上映后，引来了一些主流影评人的疯狂吐槽，其吐槽程度是近几年国产电影所不曾出现的。但是，由电影所引发的吐槽并没有压低这些“粉丝”们的心气，“粉丝”们义无返顾地绝地反击，让人们看到了郭敬明本人的超强人气。另外，电影主演的一些“粉丝”们也同样和郭敬明的“粉丝”团体一样，进行了殊死搏斗。

当某个评论一语中的地说出了斗争的内涵，才让所有的人明白了问题的实质。评论说：“这绝对不是一场简简单单的口水大战，而是从一个角度显示出了《小时代》的受众性与准确性。”他们并不在一个空间里面对话，却可以把舆论造得满满的，让那些一开始原本不是《小时代》的支持者，在舆论的导向下，纷纷跑到郭敬明的阵营里去，为他摇旗呐喊。

然而，郭敬明的“粉丝”经济也会出现一些相应的问题，这是任何人都不能避免的。

郭敬明的“粉丝”经济所要面临的最突出的问题就是，当这些“粉丝”成年以后，还会真正地看郭敬明写的这些书吗？其实，人们从许多的网友吐槽当中就能找到答案，那些对《小时代》吐槽的“80后”们，大多数人也曾经是郭敬明小说的“粉丝”，但当他们进入到社会当中后，忽然发现真正的生活并不是小说里所描述的那样，因此难免会让这些“粉丝”对郭敬明的态度发生改变。

尽管如此，但可以相信，郭敬明的“粉丝”圈在一定时间内会保持一定数量上的平衡，因为郭敬明的小说毕竟是代表着一种文化。有些人说他的作品是一种讲究公用的商品也无可厚非，对各种言论的尊重是必要的，但前提是不能损害他人的利益。

从郭敬明以及他的“粉丝”经济学中，人们应该思考如何让“粉丝”在互联网的环境中产生经济利益呢？

办法就是大数据。

企业的信息技术是大数据的根本出发点。刚开始，对于大数据人们还没有准确定义，只是通过收集数据，分析企业的脉络走向，做出合理的决策。但是，维克托·迈尔·舍恩伯格在《大数据时代》一书中对大数据的真正含义做了解释。

首先，大数据不是简单的数据样本，而是一个全数据；其次，大数据不再要求数据的精确，混合起来也无所谓；最后，大数据关注的是数据之间的相关性，绝非因果性。这三方面就构成了一套系统的大数据理念。要想精准地实现大数据，就要通过技术手段完成数据的收集整理，再对其相关部分做出分析决策，这就是大数据的基本方法。

大数据一般都是在商业领域被广泛应用，通过《小时代》在影视行业进行摸索还是头一次，所以，影视领域的大数据绝对是个新鲜事物。在国外，率先引用大数据的是 Netflix，他们通过收集美国民众对影视类型的喜好，以及民众对明星的支持率等这些数据，为全美民众量身定做了一款视觉盛宴——《纸牌屋》，此剧一经搬上荧幕，就获得了强烈反响。

从《小时代》电影的制作方角度来说，这个电影也是在大数据的基础上做出的决策。制作方首先对郭敬明手里的这帮“粉丝”做了深入调查，这些数据的挖掘主要是来自于贴吧、论坛和微博。通过对郭敬明的网上评论进行了系统全面地整合后，最终分析出来这群“粉丝”的特点及需求。接下来的数据收集就从电影主角所拥有的“粉丝”中展开，通过分析数据得出，这部电影有 40% 的受众是高中生，30% 是城市的白领们，因为他们都是郭敬明和杨幂的铁杆“粉丝”，他们对《小时代》有着深切的情感认知，是营销的主要对象。《小时代》剩下的 30% 受众人群当中，有 20% 是大学生，那 10% 就是普通观众了。而制作方花了大精力把筹码放在了高中生和白领身上，在影片上映之前做了大量的宣传造势，获得了相当不错的效果。

电影上映后，来自于搜索引擎和社交媒体的数据也呈现出高态势增长的景象，和电影票房的走势并驾齐驱。从数托邦工作室的调研数据结果显示，在《小时代》所拥有的 9 万多个微博群体当中，女性的比例占到了 8 成，也就意味着它的受众基本上都是年轻女观众，而且超过半数都是微博达人，也就是说，她们在微博这个交互平台中表现积极，异常活跃，就是这股力量推动了《小时代》的火热，她们完成了《小时代》的推广、分享、评论等一系列的传播。所有的数据都在证明着一件事：无论《小时代》背负着怎样的非议，这部影片在骂声中所创造的票房纪录都是无可争议的。

《小时代》是我国第一部依托大数据取得高票房的电影，无论是在电影立项之初还是上映前后，都是依托大数据制定下一步工作的步骤。可以说互联网思维又重新把人类的思维拽回到小圈子里面，为“粉丝”经济的开花结果提供充足的养料。当郭敬明推出《小时代》这部成功力作之后，可谓是话题不断，爱者深入骨髓，恨者牙关咬碎，而所有故事的发生在这个互联网时代似乎都是那么顺理成章。

2 雷军与小米的互联网思维：专注、极致、简约、快

小米科技从2010年4月创立至今，短短的4年间，估值已经超过了100亿美元，成为继阿里巴巴、腾讯、百度之后的中国第四大互联网公司。在如今的中国硬件公司里面，其地位仅仅次于联想集团。

是什么让雷军在短短的四年之内竟然把小米科技做得这样风生水起呢？对于这样的疑问，雷军有着自己的一份理解：“专注、极致、简约、快”，就是这七个字的互联网思维。

互联网思维，听起来似乎是一个很陌生的词汇，可是在雷军的思维里，互联网思维就是一套全新的方法论。1988年，雷军参与创办了金山软件公司。在当时，软件行业是一个热门行业，作为改革开放的新兴产业势必有较大的发展空间。可是，美好的想法总是事与愿违，在经过短短的十年发展之后，到了1999年互联网时代席卷而来，首先击垮的就是软件行业。这让雷军猝不及防，根本没有任何准备，但刚刚倒下的雷军，没有时间让自己停歇，他马上爬起来开始琢磨互联网到底是个什么东西。

此后雷军几乎每天都要经过几次头脑风暴。而经过反复地思考和实践后，他终于明白互联网就是一个整体，一整套的技术应用。如果哪一天用这一整套的东西研究出一种产业方式，将会产生类似核爆炸的物理效应。

就这样经过了十年思考，雷军决定用这套方法做手机。很多人对雷军的想法持否定态度，认为他就是在开玩笑，凭他的本事根本就完不成这项创造。其实不然，雷军正是通过这十年的实践，摸索出了一套做手机的方法，甚至可以说整套方法在他确定做小米之前，都是成熟的。所以雷军早已成竹在胸，而且下定决心将其搞下去。而在这个过程中，雷军确实是按照自己在这十年之间所积累的互联网思维行动着、摸索着。那么，雷军是怎样行动与摸索的呢？

首先，就是他做到了专注。用雷军自己的话说，如果你不专注的话，肯定做不好手机。就像传统的手机公司，每种手机都要做至少超过 50 个的型号，而雷军总在考虑，这 50 个型号是不是他们的老板都已经真正用过了呢？雷军不相信这 50 个型号的手机每一个都是合格的。因为他清楚，一款手机如果你不用上几个月的话，根本不知道它性能的好坏。

所以，在雷军的公司，每一款手机的问世，只有一个型号——在他看来，专注地做一件事比笼统地做十件事要好得多。

就在小米刚刚问世的那一年，小米就如同雷军的为人一样，极其低调，拒绝做任何的广告宣传，有的人甚至不知道雷军在做些什么。其实，在这段时间里，雷军一直在研究小米系统的应用问题，等到系统的第一个版本出来，只有 100 人在尝试，到了第二个星期发展到 200 人，第三个星期竟然突破了 400 人，更为惊奇的是，在不到一年的时间里，就发展到了全球30万人的庞大数字。这时的雷军，自信地说：“我不靠广告，照样让我的东西为人所用！”雷军之所以能够这样，靠的就是自己的那份专注，一辈子哪怕只做好一件事。

当雷军做到专注以后，他还要求把产品做到极致。因为综合国际形势，互联网的竞争十分激烈。在互联网上，从甲公司到乙公司只需要用鼠标轻轻一点就完成了顺利交换，有的交换甚至会精确到秒。雷军正是通过对互联网的理解，才要求它的产品要做就做到极致的。从传统企业而言，最大的爱好就是打价格战，通过层层的炒作让商品的价格一路飙升，原本成本很低的廉价货甚至能被炒成奢侈品。但互联网是免费的，小米就借鉴互联网的这个特点，对自己的商品只卖成本价，就像广大消费者所说的：“小米的系统完备，功能齐全，最主要的是价格受众，不选它选什么！”

行业领域，有的老板过分关注全面，甚至认为只要功能齐全就可以称得上是“极致”。其实不然，冗长杂乱的内容会让体验者痛苦不堪，尤其这个时代，人们更喜欢简单、快捷。在雷军的眼里，在把产品做到极致的同时，更要关注产品内容的简约，而不是每个应用都可以“拿来主义”，什么样的应用方便快捷、简单大方才能够赢得消费者的青睐。

现在社会，人们的生活节奏空间加速，特别是生活在一线城市的上班族，在每天承受各种压力的同时，也同样应该拥有一份快捷便利。雷军就是考虑到了广大上班族的这点基本诉求。在以倍数成长为基本原则的互联网公司，不仅要提升它的业务水准，更要关注广大用户的反应，而在一些其他的手机公司，三五年不更新一次系统，就连苹果也只是一年更新一次。而小米则不同，只要客户有诉求与需要被采纳，会立即更新（更新的时间不会超过一个星期）。这种现象是在任何一家手机公司都不曾出现，目前真正做到的就只有小米。

这就是小米的七字互联网思维。当然，光凭借“专注、极致、简约、快”这七个字还不能完成小米的软着陆，在对粉丝的营销上，雷军也有他的独到眼光。

从大学时代就已经是百万富翁的雷军，对经营之道有着深刻领悟。而在商海的几经沉浮，更让他明白了他的消费群体最想要的是什么，最关心的又是什么。

雷军鼓励小米用户直接参与进来，因为每个用户对产品的认同感和情感是不尽相同的，只有能够听到用户的心声，对小米的产业升级才能够做到精准无误。因此，雷军鼓励400万～500万的用户来一起参加手机的设计与研发。在这一过程中，雷军会把每个用户都当成自己的朋友。他在自我调侃中说道：“都说顾客是我们的上帝，可是中国人不信上帝，你只要把你的用户当成真正的朋友就可以了。我们都没有见过上帝，把顾客当作上帝都是在骗人，只有把用户当成朋友你才能创造一个伟大的公司。”虽然现在的小米正在成长，有许多的东西还不够完美，但是雷军可以向所有的用户保证，小米会秉承互联网精神，把每一个用户都当成贴心的朋友，而小米也会越做越大，越做越强。

如果进入小米服务中心，就会发现它的内部装修和苹果一样漂亮，甚至有过之而无不及。如果用户进店修手机，小米方会当场承诺：60分钟内解决顾客的所有问题；如果超出时间，问题没有解决，超出一小时就会赔偿顾客20元钱。这种经营模式，在互联网的影响下，会把用户的体验和口碑一步步做到极致。雷军的这种思想无疑会带动传统产业向互联网思想的迈进。可以说，这对传统企业的转型再生是有重要意义的。

除了用户，雷军更注重自己的“粉丝”团体。在互联网发展的前十年，一切运作都处于摸索阶段，只要把握住产品的发展方向，依靠用户的积累就可以完成资本的运营。如今激烈的市场竞争让用户的审美、需求越来越高，只有了解用户，与他们建立感情，学会与客户交流，这样才能对产品提供依托，提供保障。

2010 年 8 月，MIUI 论坛发布。这个论坛没有做任何的宣传和推广，只是靠产品的质量和良好的沟通取得了 40 万“粉丝”的狂热支持。因为“粉丝”们的意见会在论坛里受到高度重视，在这种重视之下，“粉丝”们拥有了超级的成就感，所以他们对小米的热情更加高涨了。

雷军说，即便在不久的将来，小米也不会做任何大规模的投送广告来吸引消费者，而是更加注重用户与“粉丝”之间的交流与合作。也许，在雷军的眼里，最终的消费数字并不是他想看到的结果，他所想看到的结果就是用户对小米的满意程度。可以想象，如果每个用户对自己的产品都存在不同程度的质疑，那么再大的销售额又有什么用呢？它的市场还会有大的进步吗？

3 如何玩转“粉丝”经济

经营“粉丝”之道，以加深情感为上。企业应当具备“粉丝”思维，站在“粉丝”的角度看问题。如此一来，就能准确地把握住“粉丝”们的心态与需求，赢得他们的真诚拥戴。“粉丝”的思维方式不同于寻常消费者，他们非常重视参与感、体验感、尊重感与成就感。所以，处理好这“四感”，企业就抓住了“粉丝”思维的核心。

如前所述，当今中国处于一个“屌丝”文化横行的年代。“粉丝”团同样以草根“屌丝”为主体。“屌丝”文化主要表现为吐槽、恶搞、解构，但这只是“屌丝”们刷参与感、体验感、尊重感、成就感的主要形式。

借用一句老话来说，参与感就是“我命由我不由天”。“屌丝”们没有优越的社会背景，也缺乏出人头地的门路。换句话说，他们的命运几乎被别人掌控。正因为如此，“屌丝”们特别希望通过某种途径宣示自己对命运的局部掌控权，即所谓“我的地盘我做主”。参与某项重大活动，参与某个重大项目的制作过程，是屌丝们争夺命运自主权的主要方式。

在过去，“粉丝”好比是戏迷，只能在舞台下拍手叫好，顶多上台献个花，无法参与创作。而在今天，“屌丝”们在网络上创作了一个又一个新名词、新段子、新视频、新动漫、新插画，甚至小说连载。互联网让“屌丝”们获得了参与创作的机会，而这在很大程度上满足了他们把握命运成就梦想的深层需求。

在“粉丝”经济中，满足消费者的参与感至关重要。假如不能满足参与感，消费者与品牌之间就将存在隔阂，因此用户也就无法进化为忠于品牌的“粉丝”。

时代不同了，互联网改变了工业社会标准化生产的单一模式。个性化定制产品的精益生产模式，越来越受到欢迎。以消费者为中心的 C2B（Customer to Business）模式，将成为未来商业的主要模式之一。

按照“顾客是上帝”的商业原则，C2B 模式无疑最为理想。因为只有 C2B 模式才能完整而真实地反映消费者一切个性化需求。

传统的企业与消费者关系是垂直的，企业生产什么，消费者就使用什么。由于技术条件限制，以前的企业工厂很难生产多品种小批量的个性化产品。消费者也因市场供给能力有限，无法满足自己的小众需求。但互联网让两者的关系趋于平等。消费者不再被动地单向接受企业传播的信息与产品，而是可以直接与企业进行互动，对产品设计提出自己的要求。

“粉丝”，特别是铁杆“粉丝”，不仅是企业品牌的主要消费者，而且是品牌塑造的主要参与者。他们的参与感增强，对品牌的感情就越深，也就更能心甘情愿为企业做贡献。虽然“粉丝”

不像营销公司拿钱办事，但他们宣传品牌的热情绝不亚于任何用金钱交易连接起来的商业伙伴。因为“粉丝”在参与推广品牌的过程中，有一种创造历史的主人翁意识。这将极大地满足其渴望掌握自身命运的心理需求。

若想加强“粉丝”的参与感，就必须改善其对产品的体验感。这是一个信息爆炸的年代。人们平时上网浏览的论坛、微博、博客，不过是互联网世界的九牛一毛。人们接受信息的能力终究有限，于是网民们对产品的用户体验愈加挑剔。那些用户体验差的产品就会迅速被市场淘汰。如果用户体验良好的产品不能与时俱进，也很可能被体验感更好的产品所取代。

人性化的设计会给用户带来良好的体验感。简单说就是，能让用户以最简单、最便捷、最舒服的方式获得自己想要的东西。

例如，新浪微博自诞生以来不断调整着网页结构与功能设置。起初，微博和普通论坛一样要来回翻页。这大大降低了用户的阅读速度与效率。后来工程师设计出了“瀑布流”浏览方式。只要用户下拉，网页就能不断刷新网页内容，减少了频繁翻页这道程序，用户就能更方便、更舒服地阅读信息了。体验感的改善，让广大用户更乐于每天刷微博。

“粉丝”们虽然具有较高的品牌忠诚度，但这并不意味着他们对产品的用户体验感毫无要求。

“粉丝”经济是一种互联网经济，而互联网经济的一大特点就是“人以群分”。志趣相投的人会通过互联网找到天南海北的同道中人，形成一个社交网络小圈子。“粉丝”团就是无数圈子中的一类。他们之所以能走到一起，就是因为对产品品牌具有相同的喜爱与相近的认知。“粉丝”团对产品的用户体验大同小异。他们在推广品牌时，也会重点强调自己的切身体验，帮助企业来发展和维系新的“粉丝”。

然而，天下没有无缘无故的爱，也没有无缘无故的恨。一旦企业在体验感上出现了问题，“粉丝”就会本着对品牌着想的真诚，提出批评改进意见。倘若企业置若罔闻，不尊重“粉丝”的意见，将会迅速失去“粉丝”团的支持。

企业要想玩转“粉丝”经济，首先应当学会尊重“粉丝”。因为，由广大“屌丝”构成的“粉丝”团，普遍怀有强烈的自尊心。

“屌丝”是不太成功的社会中下层小人物。尽管他们创作了许多段子和漫画自嘲，但骨子里希望赢得社会的尊重。他们解构主流精英文化，是因为看不惯诸多社会不公现象。自己没车没房无钱无势，被“成功者们”歧视，也被“屌丝”同类小瞧。自卑感激发了他们的自尊心。有的人因此奋发向上，成为“屌丝逆袭”成功的榜样。有的人却因此滋生虚荣心，对成功者羡慕嫉妒恨，对奋斗者也百般阻挠。

无论是前者还是后者，都迫切渴望得到他人的认可与尊重。

“粉丝”经常用“大大”“大神”“大V”等昵称表示对他人的敬意。这种善意的调侃看似把自己摆在较低的位置，但实际上，一旦“大大”“大神”“大V”流露出任何对“粉丝”的不尊重，都会遭到“粉丝”们的强烈抵触。用网民的话说，就是“粉转黑”。“粉丝”轻则取消对偶像（或企业官方营销号）的关注，将其拉入黑名单；重则变成铁杆反对派（俗称：一生黑），以各种形式来诋毁该人或该产品。

可以说，“铁杆粉”的正面作用有多大，“一生黑”的负面影响就有多大。而经营“粉丝”最大的成功，莫过于“路人转粉”（把不关心品牌的潜在客户发展为新的粉丝）；最大的失策，莫过于“粉转黑”。

“粉丝”追求参与感、体验感、尊重感，实质上都是在寻找成就感。“粉丝”们汇聚成企业品牌的“粉丝”团，除了兴趣爱好外，也不乏借助企业提升自我成就感的意图。在C2B模式中参与产品设计，在互联网上发表自己的原创作品，督促企业改善产品的用户体验，要求企业或偶像以平等姿态对待自己，一切的一切都是为了取得更多成就感。

我们不难明白，经营“粉丝”的关键在于多角度满足“粉丝”们的成就感。

不少企业官方营销账号虽有数以万计的“粉丝”，但只是发布产品消息和转发过时的“心灵鸡汤”段子，没有真正与“粉丝”进行互动。没有互动的关系，剥夺了“粉丝”的参与感，“粉丝”的意见就无法上达“天听”，企业就不会根据“粉丝”的意见改善产品的用户体验。企业一味单方面推销产品，却不愿回应“粉丝”的反馈意见。这种高高在上的态度，完全无法满足“粉丝”们希望被尊重的要求。最终结果，只能是让“粉丝”团越来越心灰意冷，不再支持企业品牌（俗称：掉粉）。

失去了“粉丝”支持，就不会有良好的品牌口碑和忠实的消费人群，“粉丝”经济也就无从谈起。背离“粉丝”思维的企业，注定会被市场淘汰。有志运用“粉丝”这柄市场双刃利器者，不可不察，不可不慎。

4 海底捞，到底用互联网捞到了什么

经济的发展带动着餐饮业飞速前进。随着百姓餐饮的发展壮大，形式各样、品类繁多的餐饮样式如雨后出笋般地出现在大街小巷，而有些深受百姓的追捧和喜爱。

海底捞，一个怪诞的名字，没有接触过的人也许不知道这到底是一个什么样的行业，到底要捞的是什么？如果你感兴趣的话，到店里看一看你就会明白，原来这里是一家地道的四川火锅店。可别小看这家火锅店，企业的老板就是凭借互联网资源，真的就像海底拾珠一样，捞得了大量的财富，让他的海底捞一跃成为中国餐饮百强企业。这个老板就是海底捞餐饮有限责任公司董事长张勇。

提起张勇的创业经历，可真是一步一个脚印，每个脚印都有一连串的故事。

如果说海底捞的前身是麻辣烫，不知道人们会不会接受这个现实？不错，当时身为焊工的张勇就是在街边摆麻辣烫的摊子，而当时的张勇并不懂得怎样做火锅。后来，他通过书本自学做火

锅的一道道工序，反复地琢磨思考，终于下定决心，鼓足勇气开了自己的第一家火锅店——海底捞。

在创业初期，海底捞的生意并不好，一连几天店里都是冷冷清清，无人问津。张勇就这样耐着性子慢慢等，真是苦心人天不负，没过多久他就迎来了自己的第一波客人。他热情地招呼，脸上浮动着灿烂的笑，就好像在招呼久违的老朋友一样，毕竟这是海底捞的第一单生意。他满心欢喜地看着客人吃完了这顿饭，等到结账的时候，获得了客人的一致好评。这时的张勇喜在心里，乐在脸上。可是这种欢喜并没有持续多久，等客人走后，张勇下意识地尝了尝自己的火锅，一下子陷入了惆怅，一句话也不说，只是在自己的心里暗自琢磨：汤底是苦的，那种苦涩，甚至难以入口，明明是因为中药放的剂量太大了，导致汤底的口感特别不好，可是客人为什么还要说做得好呢？

冷静下来的张勇细细地思忖着，经过反复思考，他终于明白了：是服务。正是他跑前跑后的优质服务打动了顾客，从而弥补了火锅在口感和味道上的不足。经过这件事后，张勇对海底捞的服务更加专注，他认定了这个道理，开始了更加卖力地服务。他可以帮客人照顾孩子，类似拎包、擦皮鞋之类的活更是不在话下。可以说，只有你想不到的，没有张勇做不到的。他还自己创造了一款专门应用于海底捞的迎宾礼仪：服务人员的右手附在心脏的位置，腰微微下弯，面带笑容，左手伸在前方做请的姿势。直到今天，这种礼节还能在全国各地的海底捞看得到。海底捞就是凭借这一腔热情，让它的足迹遍及全国各地、家喻户晓的。行外人都说海底捞是“一夜暴富”，其实不然，海底捞的成功饱含了张勇无数的热情服务。他坦诚执着，微笑待客，在尊重别人的同时，自己也收获了荣誉和财富。

随着事业的起步，张勇决定拓展自己的商业市场。经过慎重考虑，张勇绕过川渝巴蜀，到西安发展。可是现实的情况却给张勇带来了不小的问题，西安方面的合伙人在钱的问题上斤斤计较，甚至将海底捞的服务特色彻底颠覆，以至于接下来的营业额直线下降，甚至亏损。百感交集的张勇积极寻找出路，危急时刻，他果断地要求合伙人退出，自己经营，还原服务水平，加大特色服务，以饱满的耐心和热情服务好每一位客人。短短的两个月，公司就扭亏为盈，继续风生水起，直到现在，北京、上海以及一些中等城市，稍稍留心你都会看见海底捞的影子。

光是开各家分店还不够，张勇又把目光投到了互联网上，利用网络传播扩大海底捞的受众面。以北京为例，据不完全统计，北京大约有十几家海底捞经营店，每一家店都加入了微信二维码营销，顾客通过用手机扫描餐桌上的二维码分享至朋友圈，增加店里的微信粉丝，从而获得优惠，比如免费赠送的菜品和饮料，等等。

关于海底捞的微信操作可谓是方便、简单、快捷。只要用户在微信里搜索海底捞，就可以分别搜索到海底捞和海底捞火锅两个公共账号。海底捞做这两个微信账号，前者是为了搞活动，后者是用来发布新的产品信息。除了公共微信账号，在北京的每一家店里都竖着不少的易拉宝，用来吸引消费者关注“海底捞”的公共账号。这个账号的平台是公司“Hi 捞送”业务，只要用户成为这个账号的“粉丝”，就可以成为海底捞的微信会员，还可以享受出示微信会员卡订套餐立减 30 元的优惠活动。

通过与腾讯的这项合作，不仅方便了广大顾客的用餐选择，也充分利用了微信公共账号的便利条件，让“粉丝”能够及时了解海底捞的最新信息和最新优惠，从而拓宽了海底捞的营销渠道。随着“粉丝”的日渐增多，口口相传，海底捞良好的口碑、优质的服务也被越来越多的消费者所熟知。由此可见，互联网的广告效应带来的效益其价值不可估量。

海底捞庞大的“粉丝”团体绝对是给力的，他们对于海底捞的热情简直到了膜拜的地步，甚至网络上出现了“人类已经无法阻止海底捞了”这样的论断。那海底捞到底对顾客做了些什么呢？原来是一位热衷发微博的海底捞“粉丝”，在海底捞消费的时候，服务人员给他的孩子提供了婴儿床。这条微博经过大家的转发，立即在网络上引起躁动，确确实实又让海底捞火了一把。而此时张勇却放开自己的脚步，游遍大江南北继续学习经营之道。

随着海底捞在互联网上的炒作，也同样给海底捞带来了一些负面影响。一些事情被无限度地夸大，娱乐精神融入其中，一些匪夷所思的事件层出不穷，有的甚至离谱：顾客吃饭忘记带钱包，服务人员说可以下次补上，随后又从自己的兜里掏出50元钱算作打车费。这样的服务简直闻所未闻，其情况的真假有待考证。

互联网是一把“双刃剑”，它可以在为你提供便捷的同时也在肆意地虚拟一些东西。尽管如此，但是海底捞创造的特色服务模式是不能被否定的。

5 互联网思维下的“粉丝”经济

“以‘粉丝’为中心，其他一切纷至沓来，“粉丝”的世界，一定要让‘粉丝’做主。”这是谷歌公司座右铭中的第一条。

谷歌给我们的印象更多的是它“不作恶”的企业价值观，但“以‘粉丝’为中心”才是谷歌立身的根本。

“以‘粉丝’为中心”早已经不是新概念了。如果我们想要知道企业是什么，那么我们应该从理解企业的目的开始。企业的目的就是为了营利，创造利润。但能否创造出利润，不取决于企业，而取决于顾客。而顾客会逐渐地转变为企业的“粉丝”。企业有了“粉丝”，才能持续发展，更具生命力。

但是，创业者常犯的通病就是他们的创业动力并不是基于用户、基于“粉丝”需求的，而是基于自己的情绪或者人定胜天的幻想。

大多数成熟的创业者都明白“以‘粉丝’为中心”的重要性，只是在具体的运营过程中，仍然会不自觉地将利润与绩效作为考核员工工作好坏以及考量企业收益的核心。对于企业来说，利润和绩效当然是很重要的，但是它们也只是“以‘粉丝’为中心”的结果。只有通过“粉丝”对商品或者服务的购买，才能使经济资源转化为真正的商品。实际上，企业想生产什么并不重要，重要的是“粉丝”想买什么，而他们的认知价值又是什么，生产出的产品是否能形成“粉丝”效应，这才是决定性的因素。因为他们决定着企业是什么，生产什么，能否持续存在下去。

近年来，联合国工业计划署调查发现，名牌数量在所有产品品牌中占的比例还不到3%，但所占的市场份额却达到了40%以上，销售额更是达到了惊人的52%，可见品牌的重要性。而品牌的塑造离不开“粉丝”的追捧，名牌的“粉丝”数量都是极其庞大的。

因此，企业在进行品牌管理的过程中，必须考虑“粉丝”对产品与品牌的参与过程。例如，在进行产品宣传时，如何让“粉丝”更方便更直接有效地获取信息；在“粉丝”对产品进行评价时，企业应该考虑怎样让“粉丝”的反馈得到及时回复，让“粉丝”觉得他的体验对企业来说是很重要的；“粉丝”在使用产品的过程中，企业要注意如何为“粉丝”提供细心且贴心的指导和服务；在产品出现问题时，如何及时为“粉丝”解决问题，提供良好的售后服务。总之，根本宗旨就是让整个品牌管理过程渗透到“一切以‘粉丝’为中心，一切让‘粉丝’做主”的理念当中。

互联网时代是“粉丝”的世界，企业做一切事都要以“粉丝”为核心。这样“粉丝”才能相信企业，对企业产生良好印象和品牌认可度。可以说，只有对“粉丝”信守承诺，才能赢得“粉丝”，才能创造高度的“粉丝”满意度，从而使企业收获高额的利润回报。

品牌存在于顾客的消费观念当中，顾客对品牌的认可就是对企业与产品的认可和肯定。企业应该让每位员工都把“粉丝”放在首位，以“粉丝”需求为导向，而企业各部门也都应该尽全力配合，互相协调，使得企业拥有更多的“粉丝”。

“粉丝”对于企业来说有不少的优点，其中最大的优点就是盲目性，对喜爱产品的狂热，对某些问题的宽容，甚至是视而不见。此外，他们可以跟着产品更新换代的步伐不停地购买，还会主动地向他人推荐。因此很多时候我们会发现，很多不是很好的纪念品，反而卖得很好，换言之，“粉丝”们在意的与其说是产品的质量和功能，不如说是自己参与的感觉。

一般来说，很多时候忠实的“粉丝”都是最专业、最热心和最挑剔的用户——他们一旦发现一款产品的性价比很高，便会立即成为该产品的购买者，并会自觉地成为这款产品最积极的推销者，同时兼任义务宣传员，免费客服，更有甚者，还可以充当售后工程师的角色。

事实上，“粉丝”就是一群特殊用户，或者说是铁杆用户。他们的“关注”行为，不只是想知道和产品有关的信息，他们本身还是潜在的购买者，并且是最忠实的购买者。在迅猛发展的互联网时代，关注也有着极大的用户成本，但是它却代表着用户可以接受你在一定程度上的狂轰滥炸。

国际品牌网认为，只有以“粉丝”为中心，以“粉丝”为导向的品牌管理才有可能成功，而企业只有以“粉丝”的标准为标准进行品牌管理，才可以为自己的品牌不断加分，使得品牌资产逐渐雄厚起来，为企业进行长期而深远的品牌塑造打下良好的基础。

有人说：“‘粉丝’就是品牌的一部分。”两者是牢不可分的，而“用户”却只是过客。可以这么说，在未来，没有“粉丝”的品牌都会逐渐消亡。

在互联网时代，以平台的方式来赚钱是所有创业者梦寐以求的事情，但是做成功的却很少。然而，苹果公司却做得很好。它是功能、服务和平台三个层面都有利润的集大成者，它的手机属于功能层面，销售价格还很高，净利润比国产手机要高得多；而 iTunes 软件则属于服务层面，与手机牢牢地绑定在一起，苹果公司所做的 App Store 等渠道将平台构建得非常完美，既提升了服务的质量，又强化了产品的功能。

苹果公司所打造的平台便是围绕着用户体验进行的，以“果粉”为中心，提供极致体验，积极采纳“粉丝”提出的意见和建议，遵循“粉丝”的需求改进产品，对产品进行升级换代，这便极大地提高了苹果产品在“粉丝”心目中的地位，更使得“粉丝”对苹果产品愈加忠诚。

互联网时代，是“粉丝”至上的时代，企业一定要让“粉丝”做主——只有这样，企业的发展道路才能越走越宽，越走越顺。

6 留住“粉丝”的超预期体验

一个产品完成并投入市场，最后到达“粉丝”手中，它的体验之旅从这里才刚刚开始。体验经济并不是一个新鲜名词，它的真正火爆起源于1999年美国的经济学家派恩和吉尔摩联合出版的一本书——《体验经济》。体验经济的核心就是让顾客全身心地融入进去，使顾客自愿为产品之外的其他感受埋单。比如，一个孩子在迪士尼的奇幻之旅，甚至是美国的富豪丹尼斯·蒂托愿意为他的太空之旅出资2000万美元等。

派恩和吉尔摩对于体验经济的定义强调的是可供体验的产品，他们将体验当作产品。其实，体验应该包含在任何产品当中。产品与消费产生关系的所有过程，都是消费者体验的过程。而像冒险、奇幻、恐怖等当然是一种体验，但是只有消费者感受到了，并且享受到了，还超出了他们的预期，这样才能称之为体验。因此，体验是动词也是名词，甚至还是一个形容词。

如果产品满足了我们基本的生存需要，服务满足了我们的归属需要，那么，体验则可以满足我们的心理需要以及自我价值实现的需要。

如果你在学校得到一个“三好学生”的荣誉证书，这不能算是体验，因为这一切都在预期之内。但是，如果你突然间获得了诺贝尔奖，全世界没有几个人能得到的奖项而如今你得到了，这才可以称之为体验。得到这样的奖项，你肯定会忍不住在“朋友圈”发布关于自己得奖的信息，无论是出于激动或者炫耀。

“爽”代表的是一种美好的、过瘾的体验，这是打动我们内心的感受。只有自己被打动了，你才会有分享和传播的冲动。

在移动互联网时代，信息高度碎片化、内容过于泛滥，能打动我们的东西变得越来越少。一场电影、一本书、一首诗或者是一段风景，都很难长久地停留在我们的记忆深处，能打动我们的只有情感本身或者我们自己内心的情感投影。

我们曾经都在感叹电影中的男女主角的际遇和悲欢离合，其实感叹的是我们自己。我们对某个产品爱不释手，原因就是我们看到了产品背后所存在的那份用心。很多人都对海底捞赞不绝口，肯定不是因为海底捞的菜有多么好吃，多么与众不同，而是他们所提供的服务屡屡为人们带来惊喜。很多人都喜欢乔布斯的苹果产品，就是因为它总是能为人们带来鬼斧神工的想象以及与众不同的体验。只有这样的产品，才能让人们忍不住叫好，忍不住想推荐给自己的亲朋好友。

很多人到现在还没有用支付宝交易过。在淘宝上买东西，有些人都是用同事或者朋友的账号进行支付，有的甚至会转向当当网，因为它支持货到付款。为什么很多人都不用支付宝进行交易呢？原因就是支付宝的注册流程太过烦琐，以至于到后来懒得再去注册，并形成了这样的习惯。这样的“粉丝”都属于比较挑别的类型，但他们却十分喜欢用微信进行支付。因为微信支付不用和身份证绑定，也不用设置烦琐的大小写密码，只需输入卡号，然后输入6位数字密码就可以完成整个支付过程。其实这就是在享受微信的支付体验，享受用微信购物的“爽”。

将复杂做到简单、把简单做到极致，也可以超出粉丝体验的心理预期。其实简单就是一种终极的复杂，而极致则是将一件看似很简单的事情考虑得很全面、很复杂，但也要将复杂的逻辑使用最简单的形式呈现给你的“粉丝”。例如，用钻头打洞，这件事情非常简单，就是拿着钻在墙上打洞。但我们却需要考虑很多因素，比如将洞打成各种大小、墙的材质各不相同，甚至是“粉丝”打洞的经验也各不相同，这就十分复杂了。正是因为一件看似简单的事情，要做到最好，就必须处理很多细节。但是“粉丝”却不希望看到这么多，他只需要一个产品，拿到手里直接可以使用的那种。

墨迹天气依靠的就是将天气播报做到极致。如今墨迹天气的“粉丝”人数已经突破1.5亿人，日活跃“粉丝”人数则达到了3300万人。墨迹天气还独创了一些功能，例如能够给你穿衣提示的小人和时景功能等。

可见，只有超越“粉丝”的预期，才能深刻地吸引住“粉丝”。海派清口的创始人周立波的清口表演几乎场场都是爆满。虽然这与他幽默机智的搞笑才能密不可分，但是更重要的是在他的表演中都会及时融入最新发生的社会事件。因此，你今天欣赏了周立波的演出，但他明天的演出内容可能又会出现新的元素，这样不断地增加新鲜内容就会让“粉丝”对其永远充满期待。

超出预期的体验是“粉丝”运营方式当中杀伤力最大的。

在产品同质化泛滥的时代，在信息碎片化的时代，在信任出现危机的时代，只有为“粉丝”提供超出预期极致的体验才是最有效的“粉丝”运营手段。

很多时候，我们在运营过程中，明明做了很充分的准备工作，但就是因为体验这个环节出了问题而让品牌流失，让产品影响力流失，让“粉丝”流失的。

一个品牌为“粉丝”提供一个惊喜体验，只能让“粉丝”高兴一会儿，对品牌的正面印象加深一点儿，但是如果想让“粉丝”持续惊喜并最终转化为忠诚度，那么就要不断为“粉丝”创造惊喜。烂品牌会让“粉丝”失望，好品牌则会让“粉丝”满意，只有持续为“粉丝”创造惊喜才是卓越的品牌。

如果一款产品想要提高“粉丝”满意度，就必须努力达到并且超过“粉丝”对自己的期望值。做产品一定要了解“粉丝”对自己的期望是什么。那如何才能了解“粉丝”对自己的期望呢？与“粉丝”进行“沟通”。而沟通中一项十分重要的内容就是“粉丝”对产品的要求和期望，了解清楚了这些，就可以针对“粉丝”的期望来开展产品的粉丝运营工作了。

Chapter 8

大数据思维：

用大数据挖掘用户的深层需求

第一个从事大规模生产的行业是汽车制造业，这个起点发生在一百多年之前的美国福特公司。这无疑是让那些买不起车的工薪阶层兴奋的一件事，能够突然承受得起这个富人才玩得起的玩具是一件多么令人兴奋的事啊！

但是，福特先生也有一定的困惑，大规模的制造也有局限性，假如你想买到各种颜色的车，但是红色或者是绿色就没有可能，因为市场上的车只有黑色这一种颜色，虽然大规模生产让更多的人负担得起商品了，但是商品本身却是千篇一律，没有改观。

如今，许多消费者都存在着这样的心理：传统手工制作的产品精美漂亮，可是在价格上却无比的昂贵；机器化的产品虽然价格低廉，却又难以满足大多数消费者的需求。

所以很多人就提出来，下一轮的市场改革就是要实行大规模定制，满足客户对产品和服务的需求。这样一来成本既低，所生产的产品又会极具个性化。比如，消费者就是想买一款紫色的车，作为厂家而言，有能力满足客户的这种需求，但是车在价格上又不像传统手工制作那样昂贵的离谱。因此，厂家要想进行大规模定制，又能实际产品的个性化服务，就要对客户的需求进行了解，这就要我们启动大数据的思维。

因为，大数据能够清楚明了地告诉我们每个消费者的消费倾向，他想要什么，到底喜欢什么，每个人的需求千差万别，而有的人又可以同时在同种需求当中达成共识。大数据就是这样在数量上的叠加，以至于帮助我们实现从量变到质变的过程。

1 大数据不只是数据那么简单

当我们打开电脑时，会选择登陆哪些网站呢？微博？淘宝？还是当当？无论选择上哪个网站，有一点是毋庸置疑的，互联网已经给我们的日常生活带来了极大变化。

根据相关数据显示，一分钟内，Twitter 上的数据更新超过了 10 万条；而 Facebook 网站的浏览量更是达到了惊人的 600 万。类似这样的数据必然还会不停地被更新，并且数量是只增不减。由此可见，互联网为企业带来的新的运营模式是以“大数据”为基础的。

众所周知，在信息大爆炸的时代，任何商业形式的核心价值都是信息，而数据则成为测量信息的传播是否有效的标准。数据可以告诉互联网企业关于某种产品被用户认可的程度，并让企业可以清楚地认识到用户是否还会再次光顾及其原因。对于互联网企业来说，这些数据跟企业的赢利有着密切联系。

在大数据时代，互联网企业对“大数据”的定义也是各种各样的，但最基本的意义是海量的数量。

如今，“大数据”可以吸引用户选择某款产品，因此很多互联网企业开始将注意力转移到怎样才可以使自己的产品信息通过“大数据”被用户广泛认知。

很多时候，销量数据会对用户的购买行为产生直接影响。人们总是喜欢购买销量高的产品，由于这些产品有很多用户在购买之后对其进行评价，因此人们就可以根据这些数据信息来判断这款产品是否符合自己的标准。而对于基本没有什么销量的产品，互联网用户总是会心存疑虑：为什么没有人购买它呢？它会不会存在什么问题？但是“大数据”却不会让用户产生这样的疑虑，它会让用户感觉到安全放心，从而大大降低互联网用户网购所需承担的风险。

“大数据”已经逐渐成为决定互联网企业能否赢利的主要因素。因此，很多互联网企业开始打造自己核心产品的衍生品。这些互联网企业以提供非常便捷的方式让用户将自己喜欢的商品关联到企业平台网站上。当有用户登录企业网站时，呈现在用户眼前的就是经过众多用户筛选过的具有高质量，并且经过严格分类的产品。用户喜欢这样的方式，因为这让他们节省了在众多产品中筛选的时间，并且引起了他们的购买乐趣。

对于众多互联网企业来说，“大数据”为他们带来了很多可以盈利的机会。他们清楚地认识到——“大数据”不只是数据那么简单，它还是钱。所以，互联网企业追求“大数据”也就不是什么奇怪的事情了。由于这样的需求，互联网行业兴起了专门从事数据制造的互联网企业。仅仅需要几十元钱，就可以使自己网店上的商品信息点击量过万，如果再多支付一些钱，还可以让对方为自己的商品进行有利评论。可以说“大数据”的相关产业在互联网行业似乎前景非常广阔，很多商品都拥有数量非常庞大的追随者。

在大数据技术得到广泛应用的同时，很多互联网企业同样重视对“长尾理论”的应用。因为在信息技术飞速发展的今天，我们可以通过各种各样的方式来降低产品的生产成本，甚至可以让用户直接参与到产品的研发、设计、生产的整个过程中来，通过这样的方式以将产品的总体成本降到最低。因此，可以采用大数据技术，将海量的产品用极小的成本存储起来，然后利用信息技术，让用户在浩如烟海的商品列表中看到并选中自己的产品。也就是将需求量不大的商品提升到跟有着海量需求的商品等同的位置，这就是对“长尾理论”的灵活运用。

大数据时代，“长尾理论”在互联网企业运营中同样可以起到非常重要的指导作用。很多人认为，一个企业不可能去关注太多的事情，只能有针对性地对某些点进行关注。如果面临资源匮乏的情况，那么企业就必须在销量高、利润高的少数商品中做出突破，找到可行的商品展开重点营销，只有这样才能获得最大收益。而长尾产品的种类往往是极多的，如果互联网企业关注过多，就会导致企业精力分散，这样就会降低企业的核心竞争力。

如今，在用户掌握主动权的时代，影响企业收益最关键的因素不是企业推行什么样的产品，而是用户的需求是什么。不可否认的是，在如今追求个性化潮流的驱使下，用户的购买心理正在逐步改变，他们逐渐地抛弃了以前在购买商品时跟风和从众的心理，而是希望自己买到的商品与众不同。而且用户的需求也都在不停地产生变化，很多流行商品往往又很快变成过时商品。因此企业运营者只有抓住用户的购买需求，不断地对自己的产品进行改进，并开发出独具特色的产品，才能吸引更多的用户，保持企业的核心竞争力。

但是“长尾理论”也可能会使企业的生产成本增加。从理论上来说，将众多冷门产品结合在一起，应该能得到与热门商品不相上下的利润。但事实上，互联网企业的销售链中每增加一件新产品都有可能增加运营成本，如果添加的新产品所产生的边际利润远小于边际成本，那么添加冷门产品将会使得销售形势变得不容乐观。因为小规模、多品种的营销模式需要额外付出一些成本，而这一部分成本只能通过增加产品价格使利润达到一个平衡点。而一旦因为一些原因，企业所推出的产品或服务没有得到用户的认可，那么用户必然不会按照企业所希望的价格进行购买，这时企业生产产品所付出的成本就不可能得到补偿，最后就会导致企业生存困难。因此，互联网企业在运用“长尾理论”的同时必须与大数据结合起来，这样才能保证产品在生产和销售的过程中，成本不会任意激增，最差也应该与利润保持同比增长。大数据时代，最理想的商业模式就是将大数据与“长尾理论”结合起来，这样才能保证企业得到更多的利润。

但是，很多时候，国内互联网企业都是在一味地追求“大”数据，很多企业都已经偏离了“大数据”本身所拥有的意义。这样的思维模式将会变得十分危险，因为只有最根本的内容才能帮助企业实现营利的目的。如果仅仅只是追求数据“大”这个表象，而不能透过现象看清事物的本质，那么到最后只会得到一堆没用的数据，而将最宝贵的东西流失掉了。

但是我们为什么必须拥有“大数据”呢？因为数据越“大”，则说明它的背后所隐藏的用户数量越多，庞大的用户群体表明拥有潜在的海量购买量。换句话说，我们之所以追求“大数据”，最终都是为了提高品牌的知名度以及提高产品的销量。

因此，“有效”的“大数据”加上合理运用“长尾理论”得出的商业模式，才是互联网企业真正想要得到的东西。而不将大数据和“长尾理论”相结合的营销，其效率将会变得极其低下，这样模式下的“大数据”只不过是一堆没有用的数字而已，其实用价值将大打折扣。

2 潜藏在大数据背后的大价值

大数据思维是什么？维克托·迈尔·舍恩伯格认为：第一，需要全部的数据样本，而不是抽样；第二，关注效率而不是关注精准率；第三，关注相关性而不是关注因果关系。

大数据的关键点不是在大，而是在于有用。大数据思维首先就是需要能够充分理解数据所蕴含的价值，并且知道如何利用大数据，让它为企业的经营决策提供依据。也就是说，通过数据处理创造商业价值。

这个时代是互联网飞速发展的时代，任何一个技术都是为了达到某种目的而出现的，而大数据从本质上来说就是为了做决定才存在的。大数据为企业的决策提供精准的依据，比如市场方针制定、精准营销目标群体、营销数据等方面。大数据的存在不仅在为企业提供数据支撑，也为用户提供更为便捷的信息和数据服务，而从用户搜索的这些信息中，企业才能挖掘出更多的潜在用户。大数据体现的就是数据量大而繁杂，我们需要通过对数据关系的深度挖掘和分析，才能将大数据进行更好地利用。

大数据其实并不是近期出现的概念和现象，早在1980年，美国就提出了“大数据”概念。发展至今，由于各方面的进步，各个领域的数据量都在迅速地增长。随着数据的大爆发，数据的收集、保存、维护、共享、使用等，都成为了各个领域的刚性需求。通过对数据的分析、开发和整合，企业可以发现一些新的知识，创造出新的价值，从而带来“大知识、大科技、大智能、大利润、大发展”等。

也就是说，大数据的大，其侧重点并不是在表面上所呈现出来的“大容量”，而是在于潜在的“大价值”。大数据之所以能成为革命性的现场，是因为它标志着商业界甚至是人类社会从信息时代、经由知识时代迅速地向智能时代迈进。

大数据影响甚大，可能很多人都感觉不到大数据对自己产生了什么样的影响，但实际上我们的工作、生活，有关于我们的一切都已经与大数据息息相关。

譬如，我们在用信用卡购物时，信用卡银行会在寄送账单时附带一些商户优惠促销的信息，如果有需要的用户，就成为了这个商户的用户。

在淘宝上购物已成为如今很多人的购物方式，如果有人最近想锻炼了，在淘宝买了一个羽毛球拍，就可以发现当他再进入淘宝页面的时候，屏幕上就会出现很多关于各种羽毛球、网线、运动相关设备的信息。

大数据的原理是通过捕捉、发现或者分析，在大量数据中得到有价值的信息，而大数据就是通过这一原理才拥有了挖掘潜在用户的能力。

在商业世界中，数据以海量的方式在不断地产生。数据是有价值的，但不是每条数据都是有价值的。那么，企业应该怎样筛选那些有价值的数据呢？又如何通过这些数据调整自身的运行和经营方式呢？诸如此类的问题会一个个地摆在企业领导人的面前，而这不是靠经验就能决定的事情。

以一家超市为例，每天有多少人出入，又有哪些人进行了采购行为；而采购的又主要是哪些产品，分布在哪些品牌；对于超市所做的特价商品，消费者的接纳程度又是多少。更具体一些，通过超市自发的顾客卡，能不能从中分析出不同年龄段的购物习惯，寻找出最具增值回报的目标消费群，他们在不同时间段的购物行为如何，他们购买的产品是否能激发出相关或后续追加的购买行为？这些依靠经验是不可能做出准确判断的。而通过大数据，前面所说的那些问题都能简单地解决，也就是说，大数据更便于领导人迅速地做出准确的判断。

2013 年大数据技术被大规模采用，许多 IT 领导人都采用了大数据。不过，企业目前对于大数据的困惑在于，他们可能需要部署大数据的策略和技巧，并评估自身企业是否真的需要大数据，怎样衡量及确保企业在大数据领域的投资回报。从国内当前的情况来看，大多数企业对于大数据的接受还处在萌芽阶段，他们正在慢慢地消化这个理念，逐步打消“大数据是噱头”的想法。他们还没有清楚地了解大数据会给基础设施、企业自身以及各个行业带来多大的影响，也还未看到更多具有足够说服力和影响力的对于大数据成功应用的案例。但从愈加严峻的发展和竞争态势来看，要求企业必须转向大数据，这已经成为一个必然的趋势，否则企业很难挖掘到最具价值的客户群体，从而在竞争市场中退出。

某些先知先觉的，已经尝到大数据好处的企业表示，对于企业在最近一两年里制定的因地制宜的大数据战略，都得到了很好的效果。大数据中蕴藏的新商业机会，可以让企业感知到曾经“失落的世界”，接触到发展的另一方天地。大数据可以更加全面地了解客户的消费习惯和需求，通过这种方式，企业可以找到新的方式与现有客户以及潜在客户进行相互交流，从而找到对双方都有利的经营模式。

数据挖掘产生于20世纪80年代的美国，是一种新型的商业信息处理技术，最开始时是在金融、电信等领域内应用，主要是对大量的数据进行抽取、分析、转换以及模型化处理，然后从中提取有助于商业决策的关键性处理。随着银行信息化的快速发展，产生了大量的业务数据。从这些海量的数据中挖掘出有助于价值的信息。汇丰、花旗和瑞士银行就是这项技术的先行者，如今各银行都在应用这项技术。

以广发银行为例，大数据的挖掘现在主要表现在以下几方面。

（1）风险。

风险管理是广发银行的重要应用之一，譬如信用风险评估，从大量的用户数据中，评估贷款人或信用卡人的风险。通过这些数据，可以确定哪些客户拥有极端的消费行为，以减少银行和用户承当的风险。

（2）客户管理。

客户管理的第一项就是发现客户，这对于广发银行开发和开拓新用户是至关重要的。通过对大数据的分析，找出客户数据库中的特征，预测这些用户对广发银行活动的响应率。那些被确定为有利的特征可以与新的客户群进行匹配，增加广发银行营销活动的效果。

广发银行通过对银行数据库中存储的客户信息，根据事先设定好的标准找到与条件相符合的客户群，并通过聚类分析让其自然形成类别，通过对客户的服务收入、风险等相关因素的分析找到潜在的可盈利的目标客户。

客户管理的第二项就是保留客户，在发现流失客户的特征后，广发银行可以在具有相似特征的客户未流失之前，采取一些措施留住这些客户。

（3）优化客户服务。

为客户提供优质以及个性化的服务，取得客户的信任。根据分析，20%的客户创造了银行80%的客户利润，发现这20%的优质客户，并对其实施最优质的服务，是获得利润的保证。

为能发掘更多的潜在客户，广发银行还与各大商家进行合作，譬如咖啡厅、餐厅、健身馆等休闲娱乐场所。譬如青年餐厅，在星期几去青年餐厅消费刷广发卡可以有几折的优惠，等等。这些都是促使一些希望得到优惠的潜在客户去办理广发银行业务的营销手段。

广发银行每个月的账单中都会附上一些商品打折信息，或是其他的一些商品内容，促使有需要的客户去进行消费，等等。

3 根据大数据制定的精确化营销

现在门户网站的内容和功能可谓大而全。因为只有这样才能最大限度地满足不同用户的需求。进入大数据时代之后，情况发生了一些变化。对于绝大多数用户来说，自己喜欢的内容主要集中在少数版块里，其他版块增加再多也对自己用处不大。于是，致力于打造互动娱乐模式的互联网平台纷纷变招。一方面，门户网站继续追求内容的大而全，以求吸引潜在客户；另一方面，网站也开始根据大数据分析结果来给每个用户定制个性化的内容，以增加这些用户的黏度。

就在近日，优酷网别出心裁地推出了一款新颖的产品——个性版优酷。注册会员用户登录后，不必再使用门户统一的首页，而是可以根据个人兴趣来定制自己的个性化优酷首页。也就是说，你可以把登录后显示的优酷网站首页，设置成显示自己喜欢的频道内容，隐藏其他频道和版块的信息。在个性版优酷上线的当天，就有无数优酷用户登录网站参与了个性化定制体验。

这个产品的研发决定，本身就来自于优酷大数据中心的反馈结果。

在这个信息过剩、生活节奏紧张的年代，用户的活动精力和休闲时间变得十分有限。假如在优酷上观看视频的用户每天都不得不从一大堆节目中搜索自己想看的内容，说不定几个小时过去了都犹豫不决。在追求高效的大数据时代，让用户出现“选择强迫症”也就意味着用户体验缺乏便捷性与精准度。这两点恰恰是互联网思维中的重要内容，也是大数据分析产生的原始动力。

优酷利用大数据分析工具来调查用户的观看习惯，结果发现80%以上的用户都有相对固定的观看习惯，只对首页中的某部分内容感兴趣。还有许多网友表示对冗杂的节目分类感到厌倦，建议优酷不要推荐自己不喜欢的内容。个性版优酷就是在大数据分析结果的基础上做出了一次大胆尝试。

个性版优酷与标准版优酷的最大区别就是可以由用户自己定制首页。个性版优酷有 27 个细分频道，头条栏和订阅更新栏依然固定，但用户能决定其他频道是否留存，不喜欢就勾选“隐藏”，这样就可以避免自己不感兴趣的信息来打扰。个性版优酷将用户留存的频道显示于“订阅”导航栏中。其他用户能更方便地查看更新内容。这个改动对喜欢观赏或制作原创作品的用户非常有利。

作为业内第一款实现首页个性化定制的产品，优酷这一次可谓占得先机。据优酷高层表示：想要为用户带来更好的体验感受，就得走“大数据 + 个性化选择”的道路。尽管大数据可以计算出视频用户爱好的节目类型和观影习惯，但没有谁比用户更清楚自己的情况。因此，给予用户自主定制首页的决定权，才能将大数据挖掘的价值体现出来。个性版优酷在未来会增添更多的功能，用户将得到全方位自主定制的权限。一千个用户生成一千种优酷，在不久之后可能会成为现实。

根据优酷发起的网上投票显示，支持个性版优酷的投票用户达到了七成。他们认为个性化定制后的首页更加简洁，浏览效率提高了，操作也更人性化。至于那些更习惯标准版优酷的用户，也给出了自己的意见。优酷表示会认真倾听他们的意见，以求在下次升级时做出调整。与此同时，优酷在个性版和标准版之间设置了“一键切换”功能，让用户们随时可以根据自己的心情变化来切换模式。

个性版优酷体现了大数据时代对个性化定制的追求。可以说，根据大数据分析结果来设计产品，将成为今后各行各业的升级方向。

在互联网经济中，铺天盖地的广告推送，成为信息爆炸的一个重要原因。特别是广告网站联盟的崛起，让广告覆盖率与推送频率大大增加。大数据时代的到来，让广告推送也朝着精准营销的方向发展。根据大数据的动态来不断调整广告内容，并将每一类广告的推送对象缩小为对应的目标客户群体，从而实现“一对一”的广告个性化定制服务。

法国 Criteo 公司是一个全球性的“在线效果类展示广告”服务商，转为客户提供“私人定制”广告服务。

该公司的商业模式特立独行，向发行商买展现量，向广告商卖点击量。而这样做就意味着一旦缺乏足够的点击量，公司的赢利链就会瞬间断裂。

Criteo 之所以敢于冒此风险，就是因为相信自己的大数据技术实力。公司目前建有 6 个大数据中心，每秒可以投放超过

29000条广告。但与普通广告公司不同的是，Criteo采用了实时动态数据分析技术，每一个推送广告都是根据当前用户的行为实时生成的。大数据中心还会全程监测用户是否会点击广告，点击后是否能做出购买行为。根据这些互动的数据，再对推送广告进行实时的优化。据称，这种“一对一”的个性化精准营销，比泛投广告模式的点击率要高7倍。

相对于广告行业，影视制作被大数据技术颠覆得更厉害。

2014年，一部叫《不一样的美男子》的“异能青春偶像剧”在湖南卫视播放，引起了一阵收视狂潮。该片的收视率一度在同时段的全国收视市场份额中高居榜首。这部电视剧与众不同之处就是借助了百度大数据平台的力量来完善剧本。

中国传统的电视剧制作方式是先拍摄完毕，再上台放映，制作周期为1~2年。市场反响在事前很难准确预测。而随着人们生活节奏的加快，电视剧的制作周期和流程都发生了不小的变化。发达国家边拍边播的商业模式，也逐渐在中国开花。通过大数据来分析挖掘观众的反馈意见，特别是观众对剧情最感兴趣的内容以及今后剧情走向的预期，可以让制作方不断优化剧本，以迎合市场的期待，提高电视剧的收视率。这在某种程度上算是一种“大众口味”个性化定制。

百度大数据平台通过收集人群画像、搜索趋势、关键词检索量、主角搜索兴趣图谱、口碑好评率、剧情走向分析等方面的反馈数据，可以准确地把握市场的实时动态。根据实时大数据来定制作品内容，将使得制作者获得空前丰富的创作素材。多达数亿网友在百度搜索风云榜里的《不一样的美男子》线上互动平台上，与制作方进行互动交流。点赞吐槽层出不穷，剧情分析精彩纷呈。这相当于所有参与互动的观众都化身为编剧的助手。

《不一样的美男子》的编剧王雪静表示，这种互动方式让自己从大数据中获得更多创作灵感与策划依据。例如，观众对剧情及角色的兴趣图谱表明，许多人都想知道为什么男主角要杀女主角。编剧在创作下一集剧情时，就会优先考虑剧情比重向观众的兴趣点倾斜。

大数据预测的观众兴趣点，使得编剧能更好地控制创意，避免出现大多数观众反感的剧情。此外，百度风云榜的大数据人群画像工具，还能挖掘出与剧中角色形象最为匹配的扮演者。王雪静根据某次数据分析结果增加了一个新剧情，并任用了人群画像工具选择的最佳扮演者，果然在当晚创造了一个新的收视高峰。

这在追求个性与创意多元化的今天，互动参与模式是创意产业发展的一个重要助推器。应该说创意供应者根据大数据来定制内容，不仅能准确地把握市场动态，还能提升目标客户的支持率。

4 运用好大数据才可能成为更大赢家

随着互联网与物流业的发展，网上购物成为了众多消费者的选择。各种电子商务网站也应运而生，它们为了争夺客户资源常常发起以购物狂欢节为名的“折扣战”。例如，每年11月11日的“大光棍节”，就是淘宝、京东、天猫等网上商城血拼，无数消费者高呼“再买就剁手”却又忍不住掏钱刷卡的购物狂欢节。这样参与人员众多、交易量浩大的营销活动，在大数据时代到来前是难以想象的。

同样，饮食文化节这种营销活动由来已久，但“517（谐音‘我要吃’）吃货节”的盛况，却是在大数据时代才能看到的。

“517吃货节”是由百度旗下的团购品牌——百度糯米举办的。节日从5月16日一直进行到5月18日，地点覆盖了北京、上海、成都、西安、厦门5个城市。这次活动有很多新创意。例如，折扣优惠方面，在“517吃货节”期间，每天的9时17分至晚上20时17分，百度糯米推出了多达数百道的只卖5.17元（谐音也是“我要吃”）的“秒杀菜品”。这些菜品是一批通过百度的大数据工具分析出来的用户最关注的特色菜品。如果没有云计算平台出色的运算能力，百度糯米很难完成这项工程浩大的筛选工作。

为了更好地配合本次活动。百度糯米还在上述五个城市中按照几个主要菜品向广大消费者推出“最好吃餐馆 Top10 榜单”。例如，选出最好吃拉面 Top10 餐厅，等等。“517 吃货节”的推出让餐饮团购发展出了新的盈利模式。

今天的餐饮团购模式主要有三种：一是交易驱动模式，二是信息驱动模式，三是数据驱动模式。

交易驱动模式的主要利润源是团购业务的佣金。这种模式的业务相对单一，而且在起步时缺乏用户资源积累，主要靠企业的运营能力来全面占领市场。美团网就是采取交易驱动模式占据了餐饮团购领域的半壁江山。这种餐饮团购盈利模式比较简单，也容易被竞争对手复制。

信息驱动模式可以看作一种以口碑营销取胜的商业模式。企业主要通过前期商家的点评信息来拓展开拓业务、获得盈利。例如，大众点评网就是采用这种模式发展起来的。信息驱动模式借助口碑的力量赢得了商家资源与用户群体，从而为团购业务铺平了道路。与交易驱动模式相比，信息驱动模式的业务范围集中在互联网经济比较发达的地区。

数据驱动模式则是一种典型的大数据时代的商业模式。餐饮团购企业用大数据平台打通线上线下，凭借大数据中心对各个地区的用户反馈数据进行综合分析，从而归纳出针对特定目标客户群体的有用情报。团购的运营与推广，都是围绕大数据中心的分析报告和决策建议进行的。

在“517 吃货节”中，百度糯米网充分发挥百度的技术优势，先从繁杂的数据中筛选北京、上海、成都、西安、厦门5个城市消费者最喜爱的小吃，然后再从中分析最擅长做这些特色菜品的当地餐厅。经过层层筛选，找出各种最佳 Top10 餐厅来一同合作，保证了“吃货节”供应商的高水平。由于大数据分析结果符合大多数消费者的喜好和习惯，故而能赢得无数“吃货”的支持和参与。这就是数据驱动模式的执行思路。

三种餐饮团购模式都是运用拼价格的战术。但相比之下，数据驱动模式比交易驱动模式和信息驱动模式，更容易实现大规模的精算定价，保证折扣商品确实受到大众欢迎。如果不是有大数据支持的话，百度糯米不可能在评选出多个 Top10 排行榜的同时，每天推出多达数百道的“秒杀菜品”。

数据驱动模式生成的排行榜一目了然，但运算过程却十分复杂。

例如，用大数据工具来筛选擅长做某种小吃的十个最佳餐厅，首先，要剔除该小吃的做法及其他常识信息。其次，要把搜索目标限定在目标市场范围内。再次，要寻找制作那种小吃且顾客口碑颇好的餐厅。最后，把这些收集到的大量数据运用某种算法优化排序，从而确定 Top10 的排位顺序。

当然，这种通过机器来分析的数据也不能完全避免误差。在这个营销至上的年代，“酒香不怕巷子深”的理念需要转变。那些物美价廉的老牌餐厅由于与互联网结合不够深，所以很容易被依赖搜索引擎的“吃货”们给遗漏。仅有一些资深“吃货”了解它们的存在。但这类人的好评只不过是万千数据中的九牛一毛，难以形成足够大的影响力。

考虑到误差值的可能性，百度糯米邀请了上述五个城市的烹饪协会的专家参与鉴定，才最终敲定了“517 吃货节”的各种 Top10 排行榜单。

在大数据时代，战略领跑型企业有着更多的营销模式可供选择。既可以追求极致品质，让目标客户群体愿意花费高价来购买最新产品与人性化的精准服务；也可以沿用古老的价格战模式，用大数据精准分析，尽可能地削减不必要的产品和服务，节约成本，制造利润空间。从某种意义上说，企业不光要拼价格更要拼数据。而有大数据技术支持的数据驱动模式，比交易驱动模式和信息驱动模式更利于优化资源、压缩多余的费用。

此外，数据驱动模式收集了大量客户主动需求的数据，可以清楚地了解每个客户的消费偏好。当数据积累到可以建立该客户消费行为的模型时，企业的大数据系统就可以自动推荐客户所需内容，协助其快速决策。这对于有“信息收集焦虑症”与“选择强迫症”的消费者来说，无疑是一个福音。

在过去几年中，数据驱动模式已经成为京东等网上商城实现战略领跑的利器。京东通过大数据来进行价格战，给其他电子商务企业造成了不小的竞争压力。京东的大数据应用包含了商业智能、数据产品、智能网站的产品等。京东高层对大数据有自己的独到见解。

京东认为大数据应当规模够大，能生成预测模型或者统计模型，而且最终还能被用户理解和使用。大数据的内容大多是一些已经发展成熟的应用。大数据技术平台就是在此基础上产生的。想要形成数据驱动模式，就必须让数据拥有者通过网络向商家开放大数据，企业也要开发数据交易系统，实现技术上的领先优势。唯有这样才可以让大数据成为企业决策和运营的依据。

像京东这样庞大的公司，有很多利好条件来执行战略领跑模式。员工数量庞大，在全国各地都有服务网点，而且控制了完整的物流运输渠道。京东每天都有数量惊人的订单，配送海量的货物，接听无数客户的咨询电话。在大数据中心的协助下，京东高层每天都能拿到流量数据和订单数据等报表。

京东的数据有着自己的结构特点。传统行业公司的数据大多是结构化数据，而互联网公司的数据多是网上评论和用户日志等非结构化数据。京东的数据介于两者之间。用户下单—仓储分拣—配送，即交易链上产生的是结构化数据。而用户的浏览网页、给商品打分、撰写购买评价产生的是非结构化数据。因此，京东大数据应用综合了“结构化数据”和“非结构化数据”两方面。

正是在精准的大数据分析基础上，京东才能及时预测客户的消费行为与产品需求量，不断提高商品的“现货率”（单位时间内某商品有库存的比例），让客户能更实惠地买到自己想要的东西。

5 共享数据库，实现优势互补

信息不对称的问题困扰了人类几千年，终于在互联网浪潮的冲击下变得松动。那些利用信息不对称优势来获取市场垄断地位的传统企业，在异军突起的互联网经济下常常被颠覆。于是，利用大数据工具来共享数据库与客户资源，正在成为新的企业生存之道。而这也恰恰是企业采用异业复合模式的前提条件。

在过去，许多实力雄厚的品牌企业往往是自己组织推广营销活动。近几年来，它们也意识到了异业复合模式共享资源、降低成本、提高效率的优点，于是纷纷跨界寻找战略合作伙伴来组建异业联盟。

异业联盟可以将多个品牌所掌握的客户资源、人力资源、品牌知名度整合在一起，省略重复的运营成本，并让品牌整体的号召力实现指数增长。这无疑比每个企业各自为政要有效得多。在这个单一品牌的利润空间愈加有限的大环境下，异业联盟可以发挥群体效应来共同抗衡市场风险，聚集更多的潜在客户。

异业联盟中每个品牌，都有自己行业的目标客户群体。例如，圣象地板的消费者，可能在完成消费后对其他家具、卫浴等产品产生购买需求。由此可见，与其将各自的客户资源锁在自己的数据库中，不如与合作伙伴进行共享。尽管异业联盟各成员的客户资源会员不同程度的重叠，但这个资源集合的规模必然大于单个企业的最高水平。

这种模式不仅有利于企业（特别是品牌知名度较低的中小企业），也为消费者提供了更多方便。

在过去，不同行业的卖场是分离的。假如一个消费者同时需要多种跨行业的产品，就不得不在各种市场分头跑，来回对比产品的价钱和服务的品质。而在异业联盟所举办的一站式采购活动中，消费者可以找到更多自己需要的产品，而且还可以享受到更优惠的价格与便捷的服务。便捷性是互联网思维的王道，无论是产品还是服务，只有省时、省钱、省心才能最大限度地赢得消费者的青睐。

2013 年 3 月 19 日，海尔集团宣布与今麦郎集团结成异业复合联盟。一个是全球终端冷链的知名电器品牌，一个是生产饮品的知名饮食品牌。两者的市场几乎完全错开，唯一的联系点是商店的饮品需要冷柜来保存。

然而，恰恰是这一个不起眼的地方，让双方的联合成为可能。海尔生产的商用冷柜将帮助今麦郎生产的饮品抢占更多的市场份额。而今麦郎在努力开拓饮品市场的同时，也用自己广阔的销售网络来延伸海尔商用冷柜的触角。

饮品市场的特征是更新速度十分快。消费者为了追求极致的饮用体验，口味变得越来越挑剔。这对冷藏设备的要求也大大提高。为此，今麦郎集团在物流配送、服务及时性等细节上制定了极为严格的标准。而海尔商用冷柜的服务网络可谓气势宏伟，拥有83个物流库、2200家核心服务商以及24小时VIP客户服务专线。这使得今麦郎饮品的经销商们能够享受到贵宾级的优质服务。

有了海尔集团全方位的设备支援，今麦郎的终端竞争力得以进一步提升。与此同时，双方还共同整合了国美、大众网、培训学校等资源，互相在零售终端宣传对方的产品，携手抢占更多市场份额。双方通过资源共享实现了优势互补，成为名牌企业中跨界合作的典范。

如前所述，异业复合模式的关键在于共享数据库与客户资源。就目前的市场反馈来看，异业联盟共享资源的主要途径有以下四个方面。

其一，联盟企业之间进行广告位互换，以求提高彼此品牌的曝光水平。

最能体现联盟合作的方式，就是相互替盟友打广告。让对方的目标客户知道自己与该企业是同盟关系，这是异议复核的基础。为了落实这一点，双方可以在广告中给联盟伙伴留下一定的广告曝光位置。具体而言，营销人员可以深入联盟商家，观察对方的广告曝光位置，为自己也争取一个较为有利的联盟广告位。例如，品牌形象店的背景墙、门店收银台、门店的宣传灯箱、企业的宣传册等位置，合作双方都应该预留一块位置给联盟伙伴来做集合展示。

其二，联盟企业之间的会员一体互通，实现客户资源的共享。

也就是说，把我方的客户群变成对方的客户群，同时将对方的客户群也变成我方的客户群。如果不能实现客户资源的共享，异业复合联盟就失去了意义。VIP 会员是每个企业最稳定的目标客户资源。无疑是联盟各方应当共享的首要对象。具体做法可采取联盟企业 VIP 会员互认或者互办等形式来落实。联盟企业的会员持会员卡到联盟中每一家门店，都可以办理适用统一积分规则的积分卡/会员卡。只要在隶属于联盟的商店中消费，就可以享受到联盟会员的所有优惠政策。通过这种方式，无论哪个企业增加了一个会员，都相当于整个联盟共同增加了一位会员。

其三，联盟企业之间的优惠券或消费券互置，可以用于协同促销，实现各自的会员转化。

异业联盟的作用不只是扩大彼此的品牌知名度，更是直接提升彼此的销售水平。除了共享广告位与 VIP 会员资源外，各个联盟企业的会员也应该可以实现相互转换。假如能让各企业的优惠券实现相互置换，就能促使客户进入更多的联盟门店进行消费。这就使得目标客户可以接触更多的联盟品牌，使其能实现便捷实惠的一站式购买。如此一来，客户的利益实现了最大化，异业联盟各成员的促销成本也得到了节约，可谓一举多得。

其四，联盟企业之间可以通过经常开展营销活动来相互支持业务，立足于长远发展来巩固战略合作伙伴关系。

目前国内的各种异业联盟已经有意识地进行配合性营销，支持合作伙伴的业务。例如，前面所说的圣象地板与长虹家电，就是通过共同营销、相互声援，实现了销售淡季的“双赢”。遗憾的是，目前国内的异业联盟主要还是采取简单直接的短期联合促销的方式来合作，而没有建立起长久稳定的相互合作机制。若能在这种基础上进一步做全面深入的配合，将对维护异业复合联盟共同体有极大好处。

例如，双方在新门店开业、大型促销、周年庆典时可以联合推出能够通用的优惠券。与此同时，联盟各方可以在业务上实现更高程度的融合，从战略规划、市场数据、产品研发、企业文化建设等方面进行联盟品牌形象一体化的整体规划。

在互联网发达的大数据时代，想要长期保守某种核心信息的秘密已经非常困难。一方面，这为各企业保护自己的知识产权带来了困扰；另一方面，这也为异业联盟共享数据库和客户资源带来了便利。

考虑到客户资源的共通性，采用异业复合模式的各个企业不宜单独做市场调研，而应该与合作伙伴们生成通用的综合性的市场调研报告。只有将市场数据库与客户资源共享有机结合起来，才能最大限度地避免异业联盟各成员各自为战的可能性，提高整体协同水平。

Chapter 9

众筹的赌注：

草根一族的逆袭式狂欢

这是一个没有什么是不可能的时代，在这个时代只要你敢做梦，梦境就会变成现实。“众筹”这一名词的横空出世，让草根“屌丝”都能够逆袭成为一个高端大气上档次的天使，同时这部分人也有了自己十分体面的称呼——“草根天使投资人”。众筹作为互联网金融的一部分，既实现了专业化的投资与管理，又能够为大众提供一个较低的投资环境，在不久的将来，原本无立锥之地的草根一夜之间逆袭成为美丽的天使，并不是个神话。

所谓的“众筹”，就是大众投资和群众投资。这一词来源于美国，根据“Crowd Funding”直译过来，于2009年兴起于美国的kickstarter网站。该网站通过搭建网络平台，面对所有的公众公开筹资，目的就是满足这些拥有创造力的人群，在可能的情况下，实现可能实现的理想。这种由投资人、跟投人和网络平台所组成的新型融资方式在美国受到了广泛关注。这种众筹模式，满足了大多数普通人想要获得从事某种创作或者活动的资金，改变了以往想要融资必须依靠风险投资的局面，而众筹的对象只是普通大众，方便可靠。

所以，众筹所具有的门槛低、多样性足以让这些草根疯狂，在精心的创意之下，一场草根一族的逆袭狂欢晚会正悄悄地拉开帷幕，好戏即将上演。

1 草根众筹："很多人"的往事钩沉

去年互联网金融最热门的话题无疑是 P2P 和余额宝，如今又有了一个新颖的词汇落地生根，这个词汇就是"众筹"。众筹咖啡馆、众筹火锅、众筹旅社……众筹项目比比皆是，然而不是每一粒种子都能生根发芽，有的众筹企业发展态势良好，有的被迫转产，甚至关门大吉。

以下就有两个案例，同样都是靠众筹思维，结果却大不相同。

一个是来自湖南长沙的"90 后"女孩李婷，另一个是来自广西阳朔网名叫作花城一夜的"70 后"大男孩，他们都为自己的理想、自我价值的实现奔走打拼。李婷通过众筹经营了一家咖啡馆，花城一夜则是通过众筹创办了青年旅社。两人虽然来自于不同地区，从属于不同行业，原本是不可能交织在一起的，可是世间就有这样的巧合，他们的店铺拥有着同一个名字——"很多人"，"很多人咖啡馆"和"很多人青年旅社"。

1. 很多人咖啡馆：我被青春闪了一下腰

李婷原本是学设计出身的高才生。2012 年 2 月，就在李婷即将毕业的时候，家人硬性地把她安排到了一家房地产公司做工程预算的工作。以前做设计靠得是天马行空的个人想象力，如今要做一些精打细算的工作，一时间李婷的心没了着落。

也许，每个女孩都有追求静谧的天分，坐在阳台上捧着一杯咖啡，慵懒地欣赏着落日的余晖，闻着咖啡的浓香，整个人都是沉醉的。李婷长久萌动的内心一时间又开出了绚烂的花朵——“我要实现我的咖啡梦想”。

随后，李婷就在豆瓣上发了一个名为“用 3000 块钱实现我们的咖啡梦想”的帖子，虽然这个帖子还不够专业，许多具体的规划还不是很完善，但这种冲动无法阻止人们的创业热情，帖子一经发出，就引起了上百人的响应。

经过半年的酝酿，长沙首家拥有 123 个股东，注册资本达 60 万的众筹企业“很多人咖啡馆”正式营业。

可是开业不久，咖啡馆在经营上就出现了问题，但李婷相信咖啡馆最终会走上正轨的。

“很多人咖啡馆”的投资者们看到每月的财务报表时，都会纠结同一个问题，那就是咖啡馆经营一年多，只亏不赢。针对这个问题，咖啡馆的投资者们齐聚一堂，研究解决问题的方案，最终决定把咖啡馆承包给个人，承包者每月向投资人缴纳 5000 元的费用，其余无论盈亏都由承包人自行承担。

即便采用了这样的方法，亏损还是没有得到有效地制止。最终，李婷决定咖啡馆由自己和朋友一起承包，经过一段时间的打拼，现在基本上止亏了，但李婷表示想要盈利还是有些困难。

2. 很多人青年旅社：行进的路上真的遇到了很多人

花城一夜本是学市场营销出身的，几年间走南闯北，有了较丰富的人生阅历。

2009 年，因为生意失败花城一夜欠下了 10 多万元的债务，无奈之下一个人从花城广州来到了桂北小镇阳朔。之后，朋友借给他 5 万元钱作为支持他再次创业的资金，可是 5 万元钱到底能做些什么呢？用他自己的话说只能开个小旅馆。但没有想到的是，从此与旅馆结下了不解之缘。

花城一夜拿着手里的 5 万元钱，又用众筹方式筹集到的 50 万元的资金，在阳朔开了一家“很多人青年旅社”。

也许是花城一夜丰富的商海经验和面对风险的宠辱不惊，很多人青年旅社的发展航程顺风顺水。短短一年的工夫，很多人青年旅社在阳朔遍地开花，旅社的内容也更加丰富。据说火了之后，很多人青年旅社有很多人都要参股，几乎是一股难求。

同样的名字，却有着不同的命运。两个性质完全不同的创业人，一个遇到了瓶颈，一个发展态势迅猛，究其原因，这里到底隐藏着怎样的故事呢？

其实，众筹咖啡馆出现经营上的亏损并不是单单发生在李婷一个人身上，许多海外精英在众筹经营中都难逃这个局面；而众筹青年旅社能搞得有声有色的原因是什么呢？

记者通过对二人的采访，发现之所以出现两种不同结果，问题还是出现在管理和决策方面。

不难理解，通过众筹建立起来的项目，其背后有着几十或者上百的股东，这样一来就导致建议者众多，许多工作根本无从下手。据李婷表述，咖啡馆在经营上出现的最大问题就是管理和决策，许多投资人投资咖啡馆一方面是想投资盈利，而另一方面是想体验一下当咖啡店老板的感受，所以每个投资人都希望用自己的想象经营这家咖啡馆。一个很典型的例子就是这些股东都有自己的想法，有了想法之后就去买材料，而由于缺乏专业知识，导致许多材料的浪费，这种方法给经济和管理都带来负面影响。

也许是对经营之道的深切把控，花城一夜始终牢牢地把握着很多人青年旅社的决策权。旅社规模大了之后，他就去跑推广和营销。他为每个旅社都专门配备了店长，旅社的经营由店长说了算，至于那些股东只拥有建议权，没有决策权。

花城一夜认为，就是一些成功的上市公司也有自己的专门董事会，并不是每个人都参与公司的建设。而青年旅社只是一个小本生意，人多意见杂的局面更不利经营，基于此，花城一夜很强势地对投资者说，你只有建议权，没有决策权。

在李婷和花城一夜的思维里，众筹企业跟实在的公司是一样的道理，必须要迎合市场发展的规律，就像开船，一定要有一个船长负责决策，其他的船员掌舵，这样才能避免混乱的局面。

李婷说，即便咖啡馆的生意再怎么难搞，她都要坚持下去，因为她的梦想还没有实现，在她的身上肩负了太多人的希望。接下来的时间，李婷准备采用多元化的方式经营这家咖啡馆，尽可能地让其创收。

花城一夜早已褪去了往日的浮躁，日渐变得沉稳内敛，他说经营旅馆同样会遇到各种各样的麻烦，他不想做得有多大，只是让这些投资人得到应有的回报就可以了。

虽然，他们现在只是一个人，可是身后有着一群人在助力他们把梦想变为现实，这就是众筹最大的魅力——小资金大梦想。

积土成山，积水成渊，众筹就是让一个看似很难的梦想在众人的帮助之下开花结果。

2 “众筹”让音乐在新的模式中重获生机

对于创作家和艺术从业者来说，如果拥有了相当数量的粉丝，就可以辞职，依靠粉丝的力量生活。这是《连线》杂志主编凯文·凯利的理论。对于想要在互联网时代从事独立音乐的艺人来说，或许这是一个摆脱行业束缚的信号。

在唱片业最为辉煌的时期，只要能够有质量上乘的唱片，音乐人就可以获得想要的名利。互联网时代，音乐产业遭到强烈冲击，靠唱片为主业的艺人开始寻求更多的出路。

众筹形式的出现，给了音乐人更多选择。如果你想要制作一张属于自己的专辑，但又缺乏必要的后期制作资金，众筹可以帮你很轻松地搞定。音乐人只要在众筹平台上申请并介绍自己的项目，承诺项目成功后的回报，那么你的粉丝就可以帮你完成音乐梦想。这就是互联网时代最为潮流的“众人拾柴火焰高”——众筹。众筹平台除了在资金上为音乐人提供支撑，也间接起到了市场测试的作用。项目的上线，对于艺人的发展市场有较好的测试作用，可以对支持者的相关信息进行准确地分析，从而为音乐人的市场营销提供全面的数据保障。

一个不太出名的音乐人，即使是有点名气，也很难依靠个人的力量去做唱片和办一场音乐会。2013 年 11 月，“原创音乐支持基金”正式在北京成立，由乐童音乐和众筹网共同策划。“乐童”是一个专门从事音乐众筹的网站，旨在为更多的音乐人在互联网时代探索更多的出路。该基金承诺，只要上线项目背后音乐人的“粉丝”每拿出 1 元钱，基金就会相应地跟进 10 元。乐童音乐创始人说，这样做的目的就是为了让更多的音乐人“粉丝”的帮助下达到自己的音乐梦想，把更多微小的力量聚集起来，为原创音乐的梦想而努力。

Kickstarter 的创始人陈佩里就是源于对音乐的热爱而创建了众筹网站。这位从事金融行业的音乐爱好者经常策划音乐会，一次，由于资金的缺乏，一场原本正常规划中的爵士音乐会被迫中止，这让他很懊恼。慢慢地，做一个募集资金的网站雏形在他脑海中出现。马客也是一位相当专业的乐迷，他的网名就取自于海外一支摇滚乐队。马客对记者解释道，为音乐人做点实事是他一直想要从事的工作。而他在三星等互联网公司有近二十年的营销经验，这对于“乐童”的创办起到了很好的作用。

有一次，爵士音乐人李铁桥寻求马客的帮助，希望马客能够通过有效的营销手段解决爵士大师的出场费用。马客也是一位忠实的乐迷，尽心去做这件事，可是用了半个多月的时间，也没有找到可以提供赞助的企业，这让马客一时心灰意冷。那个时候，他刚刚卖掉自己的创业公司，索性自掏腰包，拿出了两万元，后来还制作了一张唱片进行宣传和营销。

这次的经历给了马客很大触动，开始认真地思考如何将这项事业做下去。想要成功地办一场音乐会，制作一张唱片，仅仅依靠音乐人或者说企业慷慨解囊是无法完成的。正是在那个时候，他发现了 Kickstarter 这个平台，而乐童网也就理所应当地诞生了。

在音乐的众筹项目上，它与预售存在着较大的区别。音乐众筹在很大程度上代表着一种理想和情怀，在感性的音乐中，能唤起很多文艺青年的共鸣。荒岛唱机在一个多月时间内筹集资金一百多万元，是目前乐童音乐众筹项目的纪录保持者。由于黑胶唱片具有很好的收藏价值，具有鲜明的艺术特色，能够较好地保持原声，备受音乐发烧友的推崇。荒岛唱机正是利用这样的心理，打出了“黑胶复兴”的口号，试图去引起人们对工业时代唱片设计的怀念。

荒岛电台创始人黎文具有很强的市场营销意识，用一条极佳的广告片代替了烦琐的文字。在他们制作的宣传片中，弥漫着浓烈的复古和怀旧情怀，低缓的爵士音乐、摸得到的质感搭配着简洁的文字渲染了一种向经典与大师致敬的氛围。对于更多的荒岛唱机支持者而言，与其说是购买具体的荒岛唱机，不如说是购买一种沉淀于内心的生活方式。除了给予支持者荒岛唱机限量版的物质回报，还可以让他们有幸成为黎文创建的黑胶威士忌俱乐部珍贵的原始会员资格，如果有机会，甚至可以参与网络电台的制作。可以说，这些让支持者得到了充分的回报。

黑胶威士忌俱乐部珍藏有海量的唱片，作为这样小众的艺术品，能够让购买者收获不一样的体验。黎文为了保证每一部唱机的限量，产品发货完就销毁制作产品的模具，让购买者知道自己购买的产品是不可复制的，给购买者在心理上造成了极大的满足感。

这个已经成为时代记忆的产品，同样也存在支持者小众的问题，但是黎文愿意去尝试。黎文为了挑战自己，把项目的众筹资金目标提高了三倍，难度非常大。黎文说，难度大可以让支持者通过社交渠道聚集区宣传，组织成一个社群。众筹的关注点往往不在产品的销售，更在于如何获得更多的支持者，让那些忠实的“粉丝”成为荒岛唱机的推销员。

事实证明，这个项目确实存在较大的难度。在黑胶唱片项目仅完成30%的时候，制作时间就只剩下短短的一个星期，而支持者也不过寥寥数百人，理想与现实存在着较大的差距。为了将项目进行下去，黎文决定推迟半个月的时间，并承诺即使项目失败，最终也会生产出机器。正是这个音乐人和现实不妥协的精神感染了众人，项目的最后阶段出现了高潮，最终成功完成了100万元的目标金额。有的支持者表示，情感的共鸣和对工业设计的怀念是这个项目成功的关键，让很多人对荒岛唱机的做法产生了深刻的认同感。

荒岛唱机项目的成功，也打消了那些宣称“音乐已死”和“唱片已死”的哀伤派的流言。不过，在市场化和移动互联时代的浪潮下，音乐面临着众多的危机，同时也存在着突破的机遇。荒岛唱机和乐童，通过对众筹模式的尝试，让传统的行业重新焕发出生机，使得苦苦支撑的音乐人重获生机，也让那些徘徊中的音乐人开始重新思考自己的生存模式。

3 网信金融旗下的融资众筹平台

据调查称，整个2013年，众筹平台在全球范围内的投资总额高达60亿美元，与中国河北省当年的外商投资总额大致相当。美国是众筹最为活跃和成熟的国家，到2013年底，大约有340多家大小众筹投资平台。2014年，众筹在中国呈现出火爆的趋势，仅上半年，全国众筹平台募集资金总额就高达1.88亿元，创下了众筹在中国发展三年的新纪录。2014年被称为中国的众筹投资元年。

近两年来，互联网金融对于中国社会经济的发展起到了较大的作用。相对于传统的融资方式所具有的不透明、烦琐等弊端，众筹凭借着高效、开放等特点，在短短的几年时间内就获得了大部分中国人的信任。

2011年，众筹已经进入中国，借助着互联网金融高速崛起。2013年，众筹才开始大规模地被关注和认可。最新的世界银行报告显示，作为最大的发展中国家，2025年中国的众筹总规模将达到500亿美元，占据整个发展中国家众筹比率的50%以上，这一报告中显示了中国强劲的众筹潜力。而网信金融作为中国首批崛起的众筹网站中的佼佼者，其独特的运营和管理模式对其他的行业和投资者起到了很好的启示作用。网信金融共有三大众筹平台："众筹网""壹金融""原始会"，各自在综合众筹服务、电子商务、股权众筹等方面发挥着较大的作用。

众筹网，2013年2月全面建立，依托于网信金融的众筹模式网站，旨在为大中小型创业者提供资金募集等一体化的综合式服务网站。2014年初，网信金融集团在美国旧金山成立了众筹网分站，开始海外市场的开拓，成为了国内首个海外众筹投资的站点。比起国外著名的众筹网站，国内的网站还处在一个摸索和前进的过程中。众筹网作为先行者，到2014年中旬，总众筹项目达863个，参与人数76636人，共募集资金2333.3万元，在短时间内跃居为国内最具竞争力的众筹网站之一。

和当初创立的缘由不同，国内的众筹在意义上更多是融资渠道的开拓。由于目前中国正处于一个高速发展的阶段，众筹市场也没有完全地建立，不少投资项目规模小的问题间接地使得目前国内的众筹网站仍然处在没有利润可图的状态，约束了众筹网站的发展。商业模式下，盈利是一个必须要具备的因素，因此在可持续发展的道路上，越来越多的网站开始在盈利模式上进行了一番卓有成效地探索。

网信金融CEO盛佳说过，目前很多众筹网站会对项目收取5%~10%的手续费，而众筹网仍然坚持免费的原则，因为对于众筹网这个平台来说，对众筹项目收取费用是不能在盈利或者说可持续发展上面取得较大突破的。众筹网希望和越来越多的其他行业展开合作，试图去开发可以创造价值的利润点。众筹网已经在盈利模式上有了一些成功的探索，未来可以进行更深的挖掘。盛佳在接受央视财经采访时表示，众筹网现在的目标是沉淀为中国资本投资市场中最低的环节，确保任何的创业者和投资人可以在众筹网这个平台上，募集创业的第一笔启动资金。众筹网 CEO 孙宏生表示，众筹网希望架起一座桥梁，在施主和化缘者之间开辟通畅的沟通和交流平台。

盈利模式是众筹网考虑的重点，风控也是不得不考虑的一个因素。既然是提供给初创者的金融平台，必然有各种风险在紧跟着，而对于工作人员严格的管理则可以有效降低融资风险。盛佳指出，一个项目从申请到上线，要经过 N 道流程和 N 个项目经理，最终由两位资深的终审领导拍板，才有可能呈现在大众面前。众筹网不仅加大对项目发起人的审核，在自身平台系统的建设上也狠下功夫。对项目发起人真实信息的审核是最严格的环节，确保在第一个环节万无一失。众筹网在支持项目发起人的同时，也会保障每一位投资者的利益。众筹网引入完善的承保方式，由专业的保险公司对项目破产等风险进行担保，一旦项目出现问题，可为保险公司投资者确保资金的安全返还。

众筹对于传统商业模式的改变在现实的操作中是极为有效的。在中国电影票房轻松逾百亿的情况下，音乐剧市场惨淡，仅为 2.45 亿元。由于音乐剧本身的成本昂贵，其票价基本涵盖了从创作到演出过程中的一切费用，最后的结果就是票价让观众望而却步。

而音乐剧《爱上邓丽君》的成功给其他音乐剧提供了一个很好的模板。连续三个众筹破天荒地筹集了 70 多万元的演出资金，50 元的普通票价也让观众现场欣赏到了以前不敢想的音乐剧。这种模式的探索，给创作者的触动非常大。作品的成功传播，给创作者对于以后的艺术创作带来了极大的信心，可以全身心地投入到纯粹的艺术创作中去。

众筹网不仅致力于为创作者提供资金的募集平台，也做梦想的孵化器。通过众筹网完成“父亲的水稻田”项目的周华诚向记者感慨，众筹代表的是一种伟大的精神，它把一群人的力量聚合到一起，最终实现了一个人的梦想，使得普通人的中国梦得以实现。

4 快男电影众筹带给电影人的启示

天娱传媒和众筹网产生了一个赌约：观众如果想要在电影院里亲眼观赏到“快男”的专属电影，就得在20天内筹满500万元，否则这个计划就会成为一纸空想。在2013年“快男”的决赛现场，这个赌约就被宣布并被广泛传播，引来了众多业内外人士的热议。

有外界人士分析，这是一次利用“粉丝”进行“圈钱”的众筹。某影视公司负责人坦陈，的确有人或者小的工作室借着众筹这个平台来达到圈钱的目的。但是对于多数的个人或者公司来说，都是希望通过众筹获得所需资金来实现自己的梦想。同时，天娱传媒这次的项目，不仅能有效地减轻票房带来的压力，也能为电影的宣传起到很好的作用。

担任天娱传媒品牌中心经理的赵晖坦言，光是一部电影的早期素材收集、人员调配等费用支出就远远不止500万元，这个数目对于电影的制作费用微不足道，完全不能决定一个电影项目的计划（对外界的疑虑进行了有效的回应）。他也说到，在刚开始的时候，天娱传媒并没有想到把纪录片放到大荧幕上，当初只是想单纯用来内部使用。然而，随着“粉丝”热情的持续升温，《小时代》的超高票房也给他们带来了较大的触动，天娱方面意识到，可以充分利用“粉丝”的力量将纪录片放到电影院中去。

500 万元的赌注，成为电影类自众筹诞生以来筹集到的最多的资金。像“快男”这类具有小众性质的电影，“粉丝”的年轻层次相对偏低，具备的整体消费能力有限，在短时间内能够筹得如此高的资金是相当不容易的。2013 年，以《快乐男生》为主题的纪录片，在 20 天之内火速募集 501 万元，不仅开创了电影众筹的新纪录，也对电影市场的营销带来了一定的启示作用。

赵晖曾经透露，早在 2013 年 3 月就策划拍摄一部“快男”的纪录片，但在那个时候，还不知道什么叫众筹。天娱在众筹加入之前，就已经聘请了专业的团队对快男比赛的台前幕后做了全方位的记录，顺其自然的，李宇春等明星评委也将会在这个电影中出现，依靠着明星的宣传作用，也间接带动了电影众筹的成功。

这次《快乐男生》并不是天娱第一次将“快男”搬到大荧幕上的尝试，之前曾经有过几次相对来说不是太成功的例子。2009 年，由当时的“快男”选手为主的 3D 歌舞电影《乐火男孩》以惨淡的 250 万元票房告终，让原本满怀期待的天娱大失所望。国内的纪录片也并没有几个成功的例子，尽管五月天曾经收获过 2000 万元左右的票房成绩，但天娱方面一直对票房成绩没有多少信心。

事情的转机发生在 2013 年夏天，众筹网主动请缨希望可以由他们上线这个项目，天娱方面似乎看到了一丝希望。但是天娱方面依然没抱太大的信心，而赵晖说，这次的“众筹”只是在测试一下市场的反应。

2013 年 9 月，众筹网正式发布“快男”主题电影的项目。按照既定计划，只有在 20 天内募得 500 万元资金，电影才会在 2014 年的院线和大家见面，一旦失败，电影继续留作内部交流资料，所得筹款将会如数退还。考虑到与普通影片票价的对等原则和“粉丝”的购买力，天娱将筹款以 60 为阶梯，逐步递升，参与者可获得电影票和首映券各一张，实际的概念相当于提前销售。

天娱作为一家相当有影响力的公司，可以以自身形象充分保证资金安全和投资回报。众筹网的工作人员对于这次的众筹项目满怀信心。让天娱方面大为吃惊的是，2013 年 10 月 18 日，此项目共募得 501 万元的资金，间接地相当于预期销售票房达到 500 万元，2.8 万人累计参与了这次项目。根据这次的项目规则，参与者凭借获得的兑换码，在电影上映的时候可以兑换相应的电影票，成功地将两者衔接了起来。通过了解，此次项目分为四个等级，购票最高者可以享有和偶像“亲密”接触的机会，最高的 1200 元档包含电影票和首映券各两张。

据业内人士讲，天娱与众筹网的成功合作是商业娱乐与互联网金融的一次模范尝试，为以后进一步利用传统的宣传手段，创新多样化的营销模式打下了坚实的基础。然而，相比于纯粹的商业电影，“快男”电影更大的意义在于考察现有的市场情况，因为 500 万元对于一部电影的拍摄是起不到多大的作用的。

针对最后票价的低廉，有人说，这不就是一场消费量集中的团购吗？赵晖对这种说法表示异议，他强调，这次项目与团购最大的不同在于，如果达不到早期500万元的项目预期，根本就没有电影的上映，这是本质上的区别，最终是由消费者决定电影能否上映。

5 互联网色彩的3W咖啡馆，喝的不仅仅是咖啡

如果你认为咖啡馆仅仅是一个喝咖啡的场所，那么你已经OUT了。3W咖啡馆，一家按照互联网思维发展起来的咖啡馆，可谓是现代的互联网与传统结合的典范。

3W咖啡馆的创始人是三个人，许单单、鲍春华以及马德龙，三个来自互联网圈子的无知无畏的年轻人。

许单单，来自腾讯战略部；鲍春华，业界都称她为Ella，来自搜狐教育频道；马德龙，在腾讯和百度都做过设计师。

咖啡馆的创立是很偶然的，就好像小孩做游戏一样，仅仅因为一件小事。创始人之一许单单和互联网界的朋友在一家咖啡馆聚会，却遭遇了种种不便，许单单和另外两个创始人突然觉得应该有这么一家咖啡馆，能成为互联网创业者和互联网业界人士的家，方便互联网圈子里的人在此交流，因为互联网圈子里的人，都喜欢聚在一起。偶然的一个普通的点子，后来被证实是闪光的。不过用许单单自己的话说，当时就是脑袋抽筋了。

创业如今已成为一种潮流，特别是互联网领域的创业，大有

长江后浪推前浪的架势。很多创业者面对未来的路是很迷茫的，无从下手，而一些互联网领域的老板们，也求贤若渴，一些目光敏锐的投资人，一时也找不到合适的创业者，如果大家都汇集在业内的咖啡馆里聊一聊，很多问题不就迎刃而解了吗？就是基于这样的想法，三个年轻人走到了一起。

资金的筹集是采用众筹的方式，许单单通过新浪微博发布自己的想法，他们幸运地赶上了微博最火的时代，很多业界人士都是微博常客。许单单的这个想法发布后便得到众多业界人士的赞许，因此融资很顺利，入股的人很多。因为这不仅仅是支持年轻人创业，同时也是为自己提供方便，这些目光长远的重量级人物知道，也许自己以后需要的人脉就会出现在这个小小的咖啡馆内。

理想很丰满，现实很骨感。很多事说起来简单，做起来就没那么容易了，三个互联网领域的精英，开起咖啡馆来却远没那么得心应手。先不说别的，光是选址的问题就很费心思，由于是有互联网色彩的咖啡馆，所以三人觉得这个咖啡店必须开在中关村附近才名正言顺，所以最终他们选择了位于微软大楼和新浪之间一个很小的铺面，尽管如此，租金仍然很高。由于创业初期资金有限，所以小小的店面只有两层而且还不到200平方米。开张那天，陆陆续续来了一百多位股东，当时的拥挤情况可想而知。就是在这样的基础上，2011年夏天，3W咖啡馆诞生了。此时，三个人还是抱着玩玩的心态，因为都有各自的工作，只是利用业余时间打理店内的生意。

三个人并不善于经营，既不懂管理，也不懂商业运行规律，因此，创业之初咖啡馆一直亏损。后来三人虽然很努力，还是赚不到什么钱，这让三人很灰心。就这样坚持了一年，咖啡馆就面临着倒闭的局面。由于咖啡馆的股东特别多，很多又都是重量级人物，三个人觉得就这么关门，实在是很没有面子。他们商量后决定干脆全都从各自的公司辞职，把所有的精力投入到咖啡馆上，做起全职老板。许单单、鲍春华和马德龙，三个年轻人，就这样全力以赴投入了新的工作。尽管在一段时间内，咖啡馆的运营还是没有明显好转，甚至每天待在店内觉得无事可做，相互之间还发生过激烈的争吵，可三人依然还是有一种创业者的激情与兴奋。

他们每天早早地来到店内，很晚的时候才回家。过了一段时间，三个人认为，咖啡馆的状况虽然和想象中的差距很大，没有达到一个理想的效果，可还是有了一些成绩，比如咖啡馆在聚集人脉资源方面就做得不错，这就是很有意义的事。为了保持咖啡馆的互联网色彩，他们做了很多的事，他们邀请业界精英前来店里举行公开课以及投资活动，店内优雅安静的环境很适合人们彼此交流。3W 咖啡馆为互联网圈子和创业圈子牵线搭桥，促成了很多合作。可毕竟咖啡馆从中赚不到什么钱，没有利润，无法存活下去，而这是他们必须面对的现实。

经过仔细研究，他们觉得应该有所改变，主题应该由创业转变为互联网。

三个年轻人确立了新的指导思想，那就是把为创业者所做的服务产品化、标准化、流程化，服务不再是零散的。比如，咖啡馆有一个数据库，里面有很多专家，每一位专家都有机会真实地为早期创业者分享自己所擅长领域的信息，也许这些信息在这些专家们眼中是小菜一碟，可是却很有可能是那些早期创业者感到很迷茫的东西。

3W 咖啡馆觉得可以利用这样的资源，于是组织了很多公开课。那些业界赫赫有名的精英们光临咖啡馆，和早期创业者们分享自己对创业的体会以及经验。而这些实实在在的东西，对于前来听课的人来说只要去买一杯咖啡就能得到，物超所值。而且这一创意也很符合互联网的特色。

比如，在咖啡馆内举办的投资人下午茶活动，咖啡馆会每天选一个投资人来到这里，从前来听课的大量的创业者中选出五个人，每个人有一个小时的机会与投资人沟通，这也体现了对投资人的负责。

不仅仅是创业者和投资人之间，咖啡馆还为股东之间的交流建立了一个平台。这里会有年度大会、季度大会等，通过这些活动，股东之间也会有一个圈子。

在开咖啡馆的同时，三个人还创建了一个专业的招聘网站，也就是拉勾网，求职者与招聘者不仅仅是在咖啡馆里交流，更可以在网站上沟通。据许单单在微博上透露，拉勾招聘网上线才 41 天，就有一万次简历投递量。

咖啡、创业、互联网三者的有机结合，极大丰富了咖啡馆的内涵。

2013 年，3W 咖啡馆搬到了新地址。新地址所在地位于中关村海淀图书城的步行街。店面楼层也变成了三层，其中一楼用来接待散客，二楼用来举办交流活动，是举办沙龙的场所。通过调整，咖啡销售仅仅是咖啡馆营业的一部分而已，甚至已不再是主要环节。这里的咖啡并不是最可口的，可是这里产生的附加价值太多，人脉、知识分享、创业者的孵化器，这些才是 3W 咖啡馆的关键词。

也就是在这一年，3W 咖啡馆扭转了局面，实现了盈利。

做互联网色彩的咖啡馆，三个年轻人走出了重要的一步，3W 咖啡馆立足于中关村，影响着中国的创业圈。